HEYNE

ANNA D. GARUDA ist Diplomastrologin und psychologische Beraterin.
Seit über 15 Jahren begleitet sie in eigener Praxis Menschen auf ihrem Weg
zu mehr Gesundheit, Wohlbefinden und Lebensfreude.

ANNA D. GARUDA

ASTRO*RELAX*

Fische

Gesundheit für
Körper, Geist und Seele

Wilhelm Heyne Verlag
München

HEYNE ASTROLOGIE
14/430

Umwelthinweis:
Dieses Buch wurde auf
chlor- und säurefreiem Papier gedruckt.

Alle Angaben in diesem Buch sind sorgfältig recherchiert. Für den Erfolg bzw. die Richtigkeit der Anwendungen in jedem Einzelfall können Autorin und Verlag keinerlei Gewähr übernehmen.

Originalausgabe 12/2001
Copyright © 2001 by Wilhelm Heyne Verlag GmbH & Co. KG, München
http:/www.heyne.de
Printed in Germany 2001
Redaktion: Johann Lankes
Tierkreiszeichenillustration:
Konrad Dördelmann, Künstlergemeinschaft Hallbergmoos
Blumenillustration:
Tita Heydecker, Künstlergemeinschaft Hallbergmoos
Umschlagillustration:
Corbis Stock Market/Stephen Welstead
Umschlaggestaltung und Layout:
Eisele Grafik-Design, München
Herstellung:
H + G Lidl, München
Satz: Fotosatz Völkl, Puchheim
Druck und Bindung: Offizin Andersen Nexö Leipzig

ISBN 3-453-19975-8

INHALT

Danksagung	6	◆ Orthomolekulare Therapie	71
		◆ Power-(Buddha-)Armbänder	74
Der Fische-Mensch		◆ Rituale und Hexenkunst	76
		◆ Selbstsuggestion	79
Persönlichkeit	8	◆ Spagyrische Heilweise	81
Abbildung des Tierkreiszeichens	12	◆ Tarot	84
Steckbrief Fische	14	◆ Traumdeutung	85
Prominente Fische-Geborene	15	◆ Wasser mit heilender Energie	87
Lebenswünsche der Fische	16	◆ Wohlfühltag(e)	89
		◆ Zahlenmagie	92

Gesundheitstipps für Körper, Geist und Seele

Zukunft: Ihr persönliches Jahresschicksal

- ◆ Astrologische Zuordnungen — 20
- ◆ Abwehrkräfte mobilisieren — 22

Ihre Jahres- oder Ereigniszahl — 98

- ◆ Anthroposophische Medizin — 24
- ◆ Aromatherapie — 26

ANHANG

- ◆ Aufladen der eigenen Grundenergie — 28

Ihr Aszendent — 120

- ◆ Aura Soma: göttliche Öle — 30

Aszendententabelle — 121

- ◆ Bach-Blüten — 31

Aszendent Widder — 124

- ◆ Biochemie (Schüßler-Salze) — 35

Aszendent Stier — 127

- ◆ Chinesische Kräutermedizin — 37

Aszendent Zwillinge — 130

- ◆ Darmpflege — 39

Aszendent Krebs — 133

- ◆ Diät, Enzyme und Spirulina — 41

Aszendent Löwe — 136

- ◆ Essen, das glücklich macht — 45

Aszendent Jungfrau — 139

- ◆ Farbtherapie — 47

Aszendent Waage — 142

- ◆ Fitness — 50

Aszendent Skorpion — 145

- ◆ Fußreflexzonenmassage — 52

Aszendent Schütze — 148

- ◆ Geistheilung — 54

Aszendent Steinbock — 151

- ◆ Heilhypnose — 56

Aszendent Wassermann — 154

- ◆ Heilsteine — 57

Aszendent Fische — 157

- ◆ Homöopathie — 61
- ◆ Indianerritual zum Aufladen der Wasserenergie — 65

Kontaktadressen und Literaturempfehlungen — 160

- ◆ Kräuterbaden — 66
- ◆ Lymphdrainage — 67

Weitere Bücher und Kontaktadresse der Autorin — 175

- ◆ Meditation und fünf Tibeter — 68

DANKSAGUNG

Ein herzliches Dankeschön für die Unterstützung in allen medizinischen Fragen möchte ich Frau Dr. Aletta Georgii, Hautärztin und Akupunkteurin, München, Frau Dr. Monika Volz-Osenberg, Akupunktur und Chinesische Medizin, Wiesbaden, Frau Dr. Dorothea Fuckert, Waldbrunn, Frau Proeller von der Firma Soluna (Spagyrik), Herrn Richard Mayer-Sonnenburg, Heilpraktiker und Kinesiologe, Augsburg, und Herrn Dr. Andreas Müller, Leiter des Hyperbaren Sauerstoffzentrums in München, aussprechen.

Meine aufrichtige Anerkennung gilt auch dem Künstler Konrad Dördelmann, der mit viel Liebe zum Detail und zur Kunst die symbolträchtige Tierkreiszeichen-Serie erstellte. Ebenso gebührt mein Dank der Künstlerin Tita Heydecker, die ihre ausdrucksstarken Blumenbilder für die Tierkreisbücher zur Verfügung stellte. Die Zusammenarbeit mit so vielen engagierten Menschen ist mir stets eine wahre Herzensfreude!

Die Fische

Persönlichkeit

Ein Fische-Geborener steckt voller Talente.

Sie finden ihn bevorzugt in der Umgebung von Künstlern, Spiritisten oder in einem meditativ-esoterischen Umfeld. Eine echte Fische-Seele kennt keine Habgier. Der Zukunft sehen typische Fische sorglos entgegen. Sie treiben am liebsten mit dem Strom, denn dagegen zu schwimmen kostet zu viel Energie. Auffallend an ihnen sind ihre Augen, Hände und Füße, ebenso ihr Charme und ihre Gutmütigkeit. Viele Fische ertränken ihre Sorgen öfters in Alkohol und schaffen sich damit eine vermeintlich heile Welt. Praktische oder harte Entscheidungen fallen diesen »Wasserseelen« schwer. Wenn es schwierig wird, ist der Fisch urplötzlich nicht mehr fassbar, denn *Neptun* beherrscht ihn – und der löst auf und lässt ihn verschwinden.

Fische, die stromaufwärts schwimmen wie beispielsweise Albert Einstein, finden meist glänzende Möglichkeiten, denn sie stecken voller Talente und können auch anderen Menschen bestens helfen. Sie verabscheuen Konkurrenz, doch das verlockende Rampenlicht zieht sie an. Von Natur aus eher schüchtern, sind sie dennoch brillante Schauspieler, denn das Leben selbst ist allzu oft ihre Bühne.

Dieses Tierkreiszeichen hat von den restlichen elf jeweils ein Stückchen und kann die Zeitlosigkeit erahnen. Eine rätselhafte Aura umgibt viele Fische. Mitgefühl und Hilfsbereitschaft besitzen die meisten von ihnen und sie verurteilen niemanden. Zu sensible Fische verstecken dies gern unter einer Maske der Gleichgültigkeit und Stärke. Fragen werden am liebsten mit »Vielleicht« beantwortet, doch wer kann schon jemandem etwas verübeln, der nie böse auftritt?

Persönlichkeit

Lieben Sie einen *Fische-Mann*? Er ist keineswegs schwach, sondern verliert sich nur öfters in seinen Träumen. Hoffentlich hat er seine *Sonne* nicht im ersten Haus, sonst ist er – obwohl er dies gut verbergen kann – sehr egoistisch. Ist Ihr Auserwählter schon über 30 und hat noch immer keinen festen Beruf und kein geregeltes Einkommen, dann sollten Sie schnell in ein anderes Boot steigen. Er schwimmt abwärts und hat die Flut verpasst. Alleine kann er zwar recht bescheiden überleben, doch eine Familie wird davon nicht satt. Es kann lange dauern, bis er einen zweiten Anlauf packt.

Mit einem Fische-Mann kann man herrlich träumen.

Haben Sie sich in seine Augen verliebt, die Sie verträumt ansahen? Ist es manchmal etwas schwierig, Ihren Liebsten zu verstehen? Er drückt sich oft so unklar aus, doch träumen und relaxen kann man herrlich mit ihm. Er spürt alles, ob positiv oder negativ: Wenn es Ihnen schlecht geht, wird er sich Ihre Ängste und Nöte gern anhören, und sein Mitgefühl wärmt Ihre Seele. Wenn ihn zu viel Negatives durchdrang, braucht er dringend Ruhe und etwas Einsamkeit. Dann taucht er ab in die Tiefen seiner Seele. Das sollten Sie akzeptieren, denn erst muss er die »erlebten Wunden« per Rückzug heilen.

Er benötigt Ihre Ermutigung und ein paar esoterische Disziplinen – seien es Yoga, Astrologie, Zen oder gar die Kabbala –, um sich und die Welt besser zu verstehen. Nicht böse sein, wenn

Heilpflanzen, Obst und Gemüse

Reis ist sehr gut für Fische, aber auch Algen, Spargel oder Sojabohnen. Als Heilpflanzen sind Blasentang, Kakaostrauch, Kolabaum, Irländisches Moos, weiße Malve oder Passionsblume sowie Wacholder empfehlenswert. Passendes Obst sind Wassermelone, Papaya oder Rauschbeere.

DIE FISCHE

er sagt, dass er gerade beim Einkaufen war, aber in Wahrheit aus der Kneipe kommt! Diese Lügen geschehen meist nicht in boshafter Absicht, sondern aus dem Zwang heraus, sich nicht festlegen zu müssen (oder zu wollen).

Haben Sie von der Selbstzerstörung der Fische gelesen und jetzt Angst bekommen? Bieten Sie ihm ein glückliches Familienleben, dann wird nichts Schlimmes geschehen. Springen Sie mutig und tauchen Sie in seine grenzenlosen Welten und Wellen ein!

Eine Fische-Frau hat eine besonders empfindsame Seele.

Lieben Sie eine *Fische-Frau*? Dann haben Sie sich ein echt weibliches Exemplar an Land gezogen, das es in dieser kühlen und emanzipierten Gesellschaft kaum noch gibt. Sie wird dankbar zu Ihnen, ihrem starken Partner, aufsehen, der sie so liebevoll beschützt in dieser kalten und grausamen Welt. Dieses Fischlein braucht Sie und deshalb wird sie nicht nörgeln, außer sie hat einen *Jungfrau*-Aszendenten oder spannungsreiche *Merkur*-Aspekte bzw. Sie haben ihr Anlass dazu gegeben. Bei ihr können Sie sich vom stressigen Alltag erholen, Ihr Herz ausschütten und verstanden werden.

Natürlich ist dieses zarte Seelchen manchmal echt durchtrieben und dann wieder erschreckend launisch. Für heftige Kämpfe ist sie nicht ausgerüstet, es sei denn ihr Geburtshoroskop weist *Pluto*-Spannungsaspekte auf.

Starker Ehrgeiz fehlt ihr und ihre Taktik ist sanft und subtil. Vielleicht sammelt sie ein paar streunende Katzen ein oder hilft äußerst fragwürdigen Typen. Ein bisschen Flunkern gehört auch zu ihrem Repertoire, denn sie ist ein tiefes, geheimnisvolles Meer, das seine Schätze nicht gern preisgibt. Das Leben mit ihr verläuft nicht geradeaus, sondern ähnlich den Wellen, aus denen Meergott *Neptun* entsprang. Ihren Tränenströmen können Sie kaum widerstehen und auch nicht diesen seltsamen Neptunlichtern in ihren Augen!

Persönlichkeit

> ### Typische Fische-Berufe
>
> *Alle Fürsorgeberufe sind für die Fische bestens geeignet wie beispielsweise Sanitäter, Krankenpfleger, Drogenberater, Bademeister, Seelsorger oder Psychotherapeut. Auch als Apotheker, Pharmazeut, Fischer, Matrose, Gastronom oder in der Tabakindustrie ist ein Fische-Mensch passend. Natürlich fühlen sie sich auch in der Scheinwelt von Film und Fernsehen wohl in ihrer Haut. Gelegentlich findet man aber auch den einen oder anderen Fisch, der als Florist arbeitet.*

Vielleicht sagt Ihnen Ihre Liebste nicht alles. Selbst wenn es manchmal nach kleinen Schwindeleien aussieht, hat das einen ganz anderen Hintergrund. Ihre Meeresgöttin will und kann sich nicht festlegen. Ein echter Fisch flutscht Ihnen ja auch leicht aus den Fingern, das ist ganz natürlich. Kontoauszüge interessieren sie auch nicht übermäßig; Sie müssen demnach nicht reich sein, um von ihr geliebt zu werden. Nicht jede ist wie Elizabeth Taylor und macht Heiraten und Scheidungen zu Ihrem Lebensmotto. Selbst im Alter ist Ihre »Meeresgöttin« noch eine attraktive Frau, die alle Männer spielend leicht um den Finger wickeln kann. Doch das Schönste an Ihrer Liebesbeziehung ist, dass sie Ihnen dabei stets das Gefühl gibt, der Stärkste und Wichtigste in ihrem Leben zu sein. Mal ehrlich, welche Frau tut das heute noch?

Auch im Alter sind Fische-Frauen noch besonders attraktiv.

Künstler: Konrad Dördelmann, Hallbergmoos
Dieses Tierkreiszeichen-Bild entstand als Ätzradierung in limitierter Auflage im Format 20 x 15 cm. Das Original ist handkoloriert.

Persönlichkeit

Diese Abbildung stammt aus einer Reihe von zwölf Tierkreiszeichen-Bildern, die auf dem Prinzip »Wie oben, so unten« basieren. Sie lehnen sich an das so genannte »senkrechte Weltbild« an, wobei sich die den Urprinzipien zugeschriebenen Kräfte in wesensverwandten Ausdrucks- und Gestaltungsformen auf allen möglichen Ebenen der Naturerscheinungen äußern.

In der griechischen Mythologie gilt *Dionysos* als der »Leidende«, mit dem Beinamen »der Zweimalgeborene«. Als Mädchen verkleidet wächst er im Verborgenen auf, verbreitet später überall den Weinanbau und wird zum Gott der Orgien und Ekstasen. Das Motiv des Leidens erscheint auch in der ägyptischen Mythologie, wo Osiris, ähnlich dem verfolgten und zerstückelten Dionysos, ein erleidender Erlöser ist. Ebenso weist die Passion Christi auf diesen »Fische-Weg« hin. Fische – als Zeichen der Universalität – beinhaltet die Urprinzipien der Männlichkeit und der Weiblichkeit in Form der Synthese. In den Fischen löst sich jede Form auf, auch die Grenzen zwischen dem Ich und dem Nichtich fallen völlig dahin. Wurden diese im vorhergehenden Zeichen Wassermann ständig überschritten, hier verschwinden sie gänzlich aus dem Bewusstsein. Synthese – Auflösung und Loslassen – zählen zu diesem Prinzip.

Die Fische symbolisieren das Prinzip der Universalität.

Konrad Dördelmann

Steckbrief Fische

Jahreszeit:	Winterwende (20. Februar bis 20. März)
Element:	Wasser (letztes Zeichen des Wasserelements)
Geschlecht:	weiblich – negativ – Yin
Herrscher:	Neptun (das auflösende Prinzip)
Pflanzen:	Algenarten, Weide, Herbstzeitlose, Isländisch Moos
Tiere:	Fische, Seepferdchen, Lurche, (Silber-)Reiher, Möwen
Organe:	Füße, Knochen des Fußgewölbes
Lebensphase:	vom 56. bis zum vollendeten 62. Lebensjahr
Kabbala:	Neptun gehört der 1. Sephiroth (Kether) an, auf der mittleren Säule des Gleichgewichts und des Bewusstseins

Prominente Fische-Geborene

20.02. Cindy Crawford, Sidney Poitier, Ivana Trump, Stefan Waggershausen
21.02. Franz von Assisi, Chris Atkins, Jack Coleman, Walter Momper
22.02. Drew Barrymore, Frédéric Chopin, Maria Hellwig, Niki Lauda, Sabine Sauer, Arthur Schopenhauer, George Washington
23.02. Peter Fonda, Georg Friedrich Händel, Karl Jaspers, Erich Kästner, Gloria von Thurn und Taxis
24.02. Alain Prost
25.02 George Harrison, Kaiser Karl V., Karl May, Auguste Renoir, Rudolf Steiner
26.02. Johnny Cash, Fats Domino, Victor Hugo
27.02. Enrico Caruso, Rainhard Fendrich, John Steinbeck, Elizabeth Taylor
28.02. Sepp Maier, Erika Pluhar
29.02. Jimmy Dorsey
01.03. Thomas Anders, Harry Belafonte
02.03. Uschi Glas, Michail Gorbatschow, John Irving, Hannes Jaenicke, Jennifer Jones, Papst Pius XII., Lou Reed, Gordon Thomson
03.03. David Faustino, Heiner Geissler, Jean Harlow
04.03. Ron Moss, Chris Rea
05.03. Lou Costello, Eddie Grant, Rex Harrison, Dean Stockwell
06.03. David Gilmore, Kathy Kelly
07.03. Maurice Ravel, Heinz Rühmann, Susanne Schäfer, Lord Snowdon
08.03. John Kelly, Peggy March, Lynn Redgrave
09.03. Jurij Gagarin, Otto Hahn, Ornella Muti
10.03. Joseph von Eichendorff, Marianne Rosenberg, Sharon Stone
11.03. Joachim Fuchsberger, Nina Hagen
12.03. Barbara Felton, Al Jarreau, Liza Minnelli
13.03. Stevie Wonder
14.03. Prinz Albert von Monaco, Frank Borman, Billy Crystal, Albert Einstein, Quincy Jones, Christiane Maybach, Johann Strauß, Hermann van Veen
15.03. Macdonald Carey, Hajo Friedrichs, Harry James, Michelangelo
16.03. Bernardo Bertolucci, Karl-Heinz Böhm, Jerry Lewis, Nadja Tiller
17.03. Nat King Cole, Patrick Duffy, Kurt Russell
18.03. Nadja Auermann, Edgar Cayce, Michaela May, Wilson Pickett
19.03. Ursula Andress, Glenn Close, Bruce Willis
20.03. Friedrich Hölderlin, William Hurt, B. F. Skinner

Lebenswünsche der Fische

Positiv: Der typische Fische-Mensch verspürt Sehnsucht nach Verschmelzung mit der Einheit der Dinge. Er will in der Schöpfung (und in den Menschen, die ihm wichtig sind) aufgehen. Er besitzt Talente zur Transzendenz, hat ein großes Ahnungsvermögen und ist eher altruistisch veranlagt. Eine Menge Intuition, Mitgefühl, Fantasie und Sensibilität zeichnet ihn im positiven Sinne aus.

Negativ: Ein Zuviel der Fische-Energie führt zwangsläufig zur Selbstbetäubung, um die Wahrheiten dieser Welt nicht sehen zu müssen. Daraus folgen im negativen Sinne Charakterlosigkeit, Haltlosigkeit, eine starke Neigung zu Schwindeleien und zu persönlicher Undurchsichtigkeit.

Gesundheitstipps für Körper, Geist und Seele

»Es ist wichtig, den Körper mit der Seele
und die Seele durch den Körper zu heilen!«
OSCAR WILDE

DIE FISCHE

Sie sehen anhand der kleinen Charakterisierung des Fische-Menschen im vorangegangenen Kapitel und der im Anhang folgenden Aszendentenbeschreibung einen kleinen Ausschnitt des breiten Spektrums der Astrologie. Man könnte ein ganzes Buch nur über einen Menschen und dessen Geburtshoroskop füllen!

Nutzen Sie die Astrologie, um mehr über sich zu erfahren.

So ist die Astrologie für mich auch nach 20 Jahren Praxis ein immer wieder spannendes und sehr intellektuelles Hilfsmittel, um Körper, Geist und Seele eines Menschen besser ergründen zu können. Durch die Anregungen der Astrologie kann man seine Persönlichkeit zur vollen Blüte entfalten und fröhlich zum Ausdruck bringen. Dieses Wissen gibt aber auch den Anstoß zu vermehrtem Verständnis und zu mehr Toleranz für unsere Mitmenschen und für uns selbst.

In den zwölf Tierkreiszeichen-Büchern dieser Reihe habe ich alles zusammengetragen, was Sie wissen müssen, damit Sie sich wohl fühlen – egal ob Ihre *Sonne* in diesem Tierkreiszeichen steht oder Ihr Aszendent sich darin befindet. Mithilfe der Tabelle auf Seite 121 können Sie Ihren Aszendenten (falls Sie ihn noch nicht wissen) leicht selbst herausfinden. Die folgenden Empfehlungen wirken sich sowohl auf Ihr *Sonnen*-Zeichen als auch auf Ihren Aszendenten sehr positiv aus, denn zum Wohlfühlen sind beide Punkte sehr wichtig.

Auf den nachfolgenden Seiten finden Sie eine Menge Tipps und alternative Therapien, auf die Sie nach meiner langjährigen Erfahrung dank Ihres persönlichen Tierkreiszeichens sehr gut ansprechen werden. Doch auch Menschen, die ein oder zwei Planeten im zwölften Haus des Geburtshoroskops oder in *Fische* platziert haben, reagieren positiv darauf. Ähnliches gilt auch, wenn auffällige Aspekte des *Neptun* vorhanden sind.

Noch ein weiterer Tipp für Fortgeschrittene: Schauen Sie in

Gesundheitstipps

Ihrem Geburtshoroskop nach, welches Tierkreiszeichen das *achte* Haus belegt. Dieses Haus im Geburtshoroskop weist ebenfalls darauf hin, wo wir in alten Sippenmustern gefangen sind, wo wir schwer loslassen können und wo wir therapeutisch (Pluto) am besten ansetzen können. Das Tierkreiszeichen, das im achten Haus steht, zeigt darüber hinaus die für Sie wirksamsten Therapieformen auf.

Fazit: Wer seine *Sonne*, seinen *Aszendenten* oder seine *Planeten* in Fische mit den angebotenen Therapien stärkt, hat wesentlich mehr Energien fürs Leben zur Verfügung. Und daraus folgt: Damit steigt auch die Lebensfreude. Die gesellschaftliche Struktur in den westlichen Industrienationen zwingt uns fast unbemerkt, erst auf Kosten der Gesundheit dem Geld nachzujagen. Danach sind wir gezwungen – weil uns diese Lebensform krank gemacht hat –, mit unserem Geld der Gesundheit nachzujagen.

Stärken Sie sich mit den Gesundheitstipps, dann haben Sie mehr Lebensenergie.

Nach dem Studium Ihres Wohlfühlbuches für Ihr Tierkreiszeichen und für Ihren Aszendenten wissen Sie, wie Sie sich seelisch, geistig und körperlich gesund erhalten können. Aus dem reichhaltigen Angebot der Tipps ist ganz sicher auch für Sie etwas dabei. Ein besonderer Service steht auf den letzten Seiten dieses Buches: Kontaktadressen und Literaturempfehlungen für die angebotenen Therapien.

Ich wünsche Ihnen viel Freude auf dieser spannenden Reise, einige wertvolle Erkenntnisse und viele hilfreiche Ansätze für eine bewusstere und positivere Lebensgestaltung!

DIE FISCHE

Fische: Astrologische Zuordnungen

Fische: 20. Februar bis 20. März
Element: Wasser
Herrscher: Neptun
Primär: Fersenbein, Füße allgemein und Zehen
Sekundär: Leber, Lunge, Milz, Nerven und Verdauung

Ablösung und Selbstständigkeit sind wichtige Themenbereiche für Sie.

Fische-Anfälligkeiten: Allergien, Alkoholismus, Asthma, Blutgerinnungsstörungen, Drüsenprobleme (innersekretorisch), fiebrige Erkrankungen (Erkältung), Fußbeschwerden (Senk-, Spreiz- und Plattfuß), Gicht, Heuschnupfen, Hüftleiden, Koma, Kreuzschmerzen, Lähmung, Ödeme, Organversagen, Parasiten, Pilze, Rheuma, Seuchen, Süchte und Vergiftungen.

Neptun = Symbol für Sonnengeflecht, Zirbeldrüse und Unterbewusstsein.

Neptun-Krankheiten: Alkoholismus, Bindegewebsschwäche, Bewusstseinstrübungen, Erschlaffung von Organen, Genussgifte, Koma, Lähmungen, Schlaf- und Suchtkrankheiten sowie Vergiftungen.

Diagnose: Probleme mit den Füßen zeigen beispielsweise Projektion, Verdrängung oder Überidentifizierung mit den Themen »Kontakt mit der Erde halten«, »An Land kommen«, »Mit der Welt verbunden sein«, Halt, Stand, Festigkeit, Ablösung, Freiheit, Selbstständigkeit oder Ängstlichkeit auf.

Im Geburtshoroskop des Betroffenen und meist ausgelöst durch Transite findet man oft schwierige Aspekte des *Neptun* (Planeten im Zeichen Fische oder im zwölften Haus).

Günstige Therapien: Amulette, Aromatherapie, Aura Soma, Bach-Blüten-Therapie, Biochemie, Darmpflege, Diät, Düfte, Farbtherapie, Fußbäder, Fußdiagnose, Fußreflexzonenmassage, Gebete, Geistheilung, Güsse, Heilhypnose, Heilpflanzen, Heilsteine, Homöopathie in Hochpotenzen, Hydrotherapien, Kräuterbaden, Lymphdrainage, Meditation, Musiktherapie, Orthomolekulare Therapie, Power-Armbänder, Selbstsuggestion, Spagyrik, Tautreten, Traumdeutung und Wasser mit heilender Energie.

Zeigt sich eine Fische-Betonung im Geburtshoroskop, dann sind meist tiefe Heilprozesse wirksam und das Auflösen alter Bindungen. Aber auch mit Ihrer Angst vor Bindung sollten Sie sich auseinander setzen und letztendlich mit der Angst vor Sexualität (Angst vor der Wandlung). Oft helfen tantrische Rituale beim Heilprozess, aber auch alle »wässrigen Therapien« sprechen bei Fische-Menschen sehr positiv an. Kennen Sie schon Aqua-Balancing oder das Wasser-Shiatsu? Vonseiten der Psychologie hat sich die Transpersonale Psychologie und auch die Psychosynthese von Roberto Assagiolis sehr bewährt, damit Körper, Geist und Seele wieder in Harmonie kommen!

Fische-Geborene sprechen sehr gut auf Wassertherapien an.

Tipp für Menschen in Lebenskrisen: Das Netz, Hasenrain 65, CH-4102 Binningen, Tel.: 00 41/61/3 83 97 22

Suchen Sie sich aus den nachfolgenden Tipps die am besten für Sie geeigneten Therapien heraus!

Abwehrkräfte mobilisieren

Fische sind sehr anfällig für Schädlinge, die in den Körper eindringen (Viren, Bakterien, Pilze etc.) und die man mit dem bloßen Auge nicht sieht (*Neptun* ist Symbol von unsichtbaren »Feinden«, von Täuschung und Vernebelung). Die meisten unserer Erkrankungen haben neben ihrem psychologischen Hintergrund ihren Ursprung im gestörten Darmmilieu. Beachten Sie deshalb auch den Artikel zur »Darmpflege«.

Viele Krankheiten haben ihren Ursprung in einem gestörten Stoffwechsel.

Natürlich nisten sich diese Bakterien (z. B. Staphylokokken, Streptokokken und ihre zahlreichen Verwandten) und Viren vor allem an Ihrer »körperlichen Achillesferse« ein. Hat man diese Mitbewohner erst einmal in sich, wird man sie so schnell nicht wieder los. Leider! Selbst schwere Antiobiotikabomben sind hier wirkungslos.

Da weiß ich zwei natürliche Antiobiotika ganz ohne schädliche Nebenwirkung: *kolloidales Silber* und *Preiselbeersaft*. Silber im kolloidalen Zustand ist stark keimtötend, völlig unschädlich und ungiftig. Es wirkt hervorragend bei allen Schimmelarten, bei Viren, Bakterien, Streptokokken, Staphylokokken und anderen pathogenen Keimen. Es kann sowohl eingenommen werden (dreimal täglich $1/2$ Teelöffel) als auch auf Schnitt- und Schürfwunden, auf Warzen, Geschwüre, auf Hautkrebs, Ekzeme, Akne, Mückenstiche aufgetragen werden, es kann inhaliert, in die Nase gesprüht und in die Augen getropft werden (bei Mensch, Tier und Pflanze). Das wäre doch was für Sie (Bezugsquellen siehe Anhang)!

Auch das zweite Mittel ist völlig harmlos (höchstens ein bisschen sauer): *Preiselbeersaft* aus Wildfrucht. Ihn gibt es im Reformhaus als »Muttersaft« (330 ml) und seine Wirkstoffe greifen ebenfalls Bakterien an.

Gesundheitstipps

Leiden Sie öfters unter Blasen- oder Nierenentzündung? Dann zeigt dies an, dass Ihre Beziehung problematisch für Sie ist, denn diese Keime werden vor allem durch Geschlechtsverkehr übertragen. Analysieren Sie deshalb Ihr Krankheitssymptom ganz ehrlich und tief, vor allem im Hinblick auf Partnerschaft und Liebe. Doch unternehmen Sie auch körperlich etwas dagegen. Lähmende Opferhaltung führt Sie garantiert nicht zum Ziel; eine geschwächte Abwehr zeigt ohnehin Ihre »kastrierte Aggression« auf.

Eine Opferhaltung führt Sie garantiert nicht zum Ziel.

Falls Sie häufig zu allerlei Entzündungen neigen, dann versuchen Sie auch im Leben, Konflikte zu vermeiden. Wichtig ist in diesem Zusammenhang, an welcher Stelle die Entzündung oder Infektion auftritt. Die Körperregion gibt ebenfalls Aufschluss darüber, wo Sie konfliktscheu reagieren. Ein überaktives Abwehrsystem (z. B. bei Allergien) zeigt aber auch auf, dass Sie etwas nicht hereinlassen. Denn hier erklärt der Körper harmlose Stoffe zum Feind und geht gegen sie vor. Ein gelähmtes Abwehrsystem dagegen, das Erreger nicht bekämpft, weist darauf hin, dass Sie zu viel Negatives in sich aufnehmen und sich dabei in eine Opferrolle flüchten. Wie gehen Sie normalerweise mit Aggressionen um?

All diese Fragen können nur Sie ehrlich beantworten und so herausfinden, warum Sie immer wieder krank werden.

Doch von der Psyche nun zurück zum Körper: Neben dem kolloidalen Silber sollten Sie sich auch Lavendelöl (siehe »Aromatherapie«) besorgen und ein Plastikbidet im Sanitätsgeschäft. Gönnen Sie sich öfters am Tag ein wohlig-warmes Sitzbad mit diesem Öl: Es tötet ebenfalls Keime und Bakterien ab. Sagen Sie allen Schädlingen in Ihrem Leben den Kampf an, nicht um der Aggression willen, sondern vor allem im Hinblick auf Ihre gesunde Eigenliebe und Ihre Verantwortung sich selbst gegenüber. Das sind Sie sich und Ihrem Schöpfer allemal schuldig!

Anthroposophische Medizin

Rudolf Steiner (1861–1925), ebenfalls ein Fische-Mensch wie Sie, ist Begründer der Anthroposophie. Er verfasste zahlreiche Schriften über Menschenkunde, Karmaforschung, spirituelle Kosmologie und europäische Geistesgeschichte. Seine künstlerische Arbeit begründete aber auch neue Formen in der Architektur (Goetheanum) sowie der Bewegungskunst (Eurythmie).

Nach Steiner ist der physische Körper immer Ausdruck der Individualität. Seele und Geist prägen und gestalten demnach unseren Körper, weshalb die Anthroposophie den Mensch in vier Wesensglieder unterteilt:

- den physischen Leib
- den Ätherleib
- den Astralleib
- das Ich

Die Anthroposophie legt vier große Krankheitsbilder zugrunde: Sklerose-, Geschwulst- und entzündliche Erkrankungen sowie Lähmungen.

Unser *Denken* ist dem Nerven-Sinnen-System zugeordnet, das sich durch abbauende oder verhärtende Prozesse deutlich macht. Unser *Fühlen* ist Ausdruck des rhythmischen Systems, das durch Atmung und Herz symbolisiert wird. Das *Wollen* unterliegt dem Stoffwechsel-Gliedmaßen-System; das aufbaut, Wachstums- und Vitalkräfte regelt und aktiv ist.

Mensch und Natur haben nach anthroposophischer Lehre eine gemeinsame Entwicklung erlebt. Diese Wesensverwandtschaft ist auch therapeutisch einsetzbar. Die Wurzeln einer Pflanze entsprechen dem Kopf und Gehirn (Nerven-Sinnen-System); die Blätter beeinflussen das rhythmische System; die Blüten und Früchte symbolisieren vorrangig unser Stoffwechsel-Gliedmaßen-System.

Gesundheitstipps

Die anthroposophischen Heilmittel werden ganz besonders aufbereitet und regen die Grundvorgänge des menschlichen Organismus an. Sie orientieren sich also nicht an bestimmten Erkrankungen, sondern unterstützen den Körper, indem sie Organe und körperliche Prozesse dem gesunden Urbild nähern.

So sah Steiner z. B. in der Krankheit Krebs (Zellwucherung) eine Überlastung der Erdkräfte. Deshalb empfahl er auch die *Mistel* als bestes Heilmittel gegen Krebs, denn sie bildet keinerlei Beziehung zur Erde. Inzwischen hat sich seine damalige Behauptung längst wissenschaftlich erwiesen. Die anthroposophische Medizin arbeitet jedoch nicht nur mit den speziellen Pflanzen-, Metall- und Mineralessenzen, sondern auch mit Therapieverfahren, die vor allem auf seelische und geistige Prozesse einwirken, wie z. B. die künstlerischen Therapien (Mal-, Musik-, Tanztherapie und plastisches Gestalten sowie die Heileurythmie, bei der Melodien, Laute und Worte vom Patienten in Bewegung umgesetzt werden).

Buchtipps und Kontaktadressen finden Sie im Anhang.

Die anthroposophische Medizin arbeitet zusätzlich mit künstlerischen Therapien und hat damit bemerkenswerte Erfolge.

Aromatherapie

Ätherische Öle können längst vergessene Erinnerungen wachrufen.

Ätherische Öle werden in der menschlichen Nase von über 100 Millionen Riechzellen aufgenommen und lösen Nervenimpulse aus. Unser Riechzentrum liegt im Bereich des limbischen Systems (Hippocampus), der Zentralstelle des endokrinen, vegetativen und psychischen Regulationssystems. Dieses System steuert unser emotionales Verhalten und unsere Gefühle und ist mit anderen Zentren an unserem Gedächtnis beteiligt. Das limbische System regelt darüber hinaus die Atmung und die Herztätigkeit, den Hormonhaushalt, die Kreativität und den Lebenswillen. So rufen die ätherischen Öle oft längst vergessene Erinnerungen wach und beeinflussen unsere Gefühle. Aber sie wirken auch auf einige Vitalfunktionen des Körpers, wie z. B. Atmung, Herzfrequenz, Hormonhaushalt, Kreativität und Lebenswillen.

Die ätherischen Öle gewinnt man vorwiegend durch Wasserdampfdestillation oder durch Kaltpressen. Verwenden Sie nur 100-prozentige echte und natürliche Aromaöle. Ätherische Öle sind hochkarätige Konzentrationen pflanzlicher Wirkstoffe und sollten deshalb sparsam (in der Duftlampe) gebraucht werden. Aber sie eignen sich auch zur Inhalation nach der alten Schüssel-Tuch-Methode oder als Kompressen, als Zugabe zu Bädern oder zur Massage. Natürlich können Sie auch einige Tropfen in den letzten Spülgang der Waschmaschine beigeben.

Fische benötigen immer wieder Erholungsphasen, da sie über eine geringe Vitalität verfügen. Ihre Schwachstellen sind neben den Füßen und Zehen auch das Immunsystem und vor allem die Psyche. Wer so feinfühlig ist, der muss seine Psyche dauerhaft schützen und rein halten. Der unterdrückte Fische-

Mensch hat Probleme mit der Nahrungsaufnahme und -verwertung. Oft gefallen ihm Düfte, die ihn psychisch stark berühren und ihm Zutritt zu seinem tiefen Unbewussten verschaffen. Der unterdrückte Fische-Geborene braucht Wasserdüfte mit hypnotischem Charakter. Der übertriebene Fische-Mensch benötigt dagegen Feuer- und Erddüfte. Hierzu einige Beispiele:

Der blumig-süße Duft des *Jasmins* dringt schwingungsvoll in Sie ein und hilft Ihnen bei emotionalen Schwierigkeiten. Er stärkt nicht nur Ihr Vertrauen zum Partner, sondern er lässt Sie auch die Grenzen der eigenen Leistungsfähigkeit erkennen. Jasmin ist nervenberuhigend, ausgleichend und antidepressiv. Er lindert psychosomatische Erkrankungen und schenkt Ihnen mehr Optimismus und Lebensmut!

Der Duft des Jasmins unterstützt Sie bei nervlichen Belastungen.

Eines der heilkräftigsten Öle ist das des *Lavendels*. Es beruhigt das Nervensystem und löst Spannungen und Verkrampfungen im Organismus und in der Seele. Lavendel hilft beim Einschlafen, bei Schlaflosigkeit und bei Albträumen. Es aktiviert depressive Menschen, befreit von Melancholie und Angst. Es fördert das Zusammengehörigkeitsgefühl in der Partnerschaft und kräftigt die Liebe!

Der belebend-nussige Duft des *Muskatellersalbeis* dringt schwingungsvoll und beruhigend in Sie ein. Er verleiht Ihnen vor allem nach Tiefschlägen und Misserfolgen neue Kräfte und schenkt neuen Mut!

Das kräftig-würzige Aromaöl des *Wacholders* hat vor allem blutreinigende, entwässernde und entschlackende Eigenschaften. Wacholder eignet sich als anregender Energiespender bei Stress und Abgespanntheit.

Tipp: Die ätherischen Öle erhalten Sie im guten Fachhandel und in vielen Apotheken. Einige Firmen liefern auch per Versand. Buchtipps und Kontaktadressen finden Sie im Anhang.

DIE FISCHE

Aufladen der eigenen Grundenergie

Schon unser Sonnenzeichen und unser Aszendent verraten die grundlegende Vitalität eines Menschen. Sie decken auf, wo unser Bewusstsein seine Wurzeln hat. Sie als *Wasserzeichen* beziehen Ihre Grundenergie vor allem aus Ihren Gefühlen und es ist Ihr emotionaler Zustand, der Ihr Verhalten bestimmt. Tiefe emotionale Sehnsüchte gehören bei Wasserzeichen zum Grundantrieb des Handelns.

Laden Sie regelmäßig Ihr Energiefeld auf, sonst fühlen Sie sich schnell kraftlos.

Die meisten Wasserzeichen (vor allem Krebs, Skorpion und Fische) empfinden das Selbst, projiziert auf die Natur, als »anfällig für Leiden« und daher als schutzbedürftig.

Jeder Mensch muss sein grundlegendes Energiefeld »nähren«, das uns *Sonne* und *Aszendent* verrät. Vernachlässigen wir diese Aufladung, fühlen wir uns bald erschöpft, irritiert und sind für physische und psychische Störungen anfällig. Das Element unseres Sonnenzeichens und des Aszendenten ist der Brennstoff, den wir zum Leben benötigen. Er ist die Quelle unserer Vitalität, die Tankstelle, die uns immer neue Lebenskraft liefert.

Als Wasserzeichen brauchen Sie unbedingt den Umgang mit anderen »wässrigen« Menschen und intensive emotionale Beteiligung bei allem, was Sie tun. Sie können nicht distanziert von Ihrer Erfahrung leben, und deshalb ist es wichtig, dass Sie sich eine Arbeit oder Aktivität aussuchen, die es Ihnen erlaubt, Ihre Gefühle voll zum Ausdruck zu bringen. Sie als Wasserzeichen verringern Ihre Grundenergie, wenn Sie zu weit weg vom *Wasser* leben. Flüsse, Seen, Bäche oder der Ozean tun Ihnen wirklich gut. Sie fühlen sich psychisch und emotional am wohlsten, wenn Sie die Gelegenheit haben, in fließendes Wasser einzutauchen oder zumindest in der Nähe von Wasser zu sein. Alternativ dazu empfiehlt sich natürlich regelmäßiges Duschen oder Baden und große Flüssigkeitszufuhr durch Trinken. Auch der Hellseher Edgar Cayce (ein Fische-Mensch) hatte herausgefunden, dass er seine medialen Fähigkeiten viel effektiver in der Nähe von Wasser einsetzen konnte.

Ein Ungleichgewicht der Wasserenergie führt immer zu psychischen, emotionalen und physischen Problemen. Sie können sich dann nur schwer in die Gefühle anderer hineinversetzen, aber auch mit den eigenen Empfindungen und emotionalen Bedürfnissen erhalten Sie kaum Kontakt. Körperlich führt dies zu einer übermäßigen Giftansammlung in den Organen.

Setzen Sie sich mit Ihren Träumen und Wünschen aktiv auseinander.

Sie sollten Ihre Sehnsüchte im vollen Licht des Bewusstseins erkennen. Bevor Sie nicht akzeptieren, dass diese Sehnsüchte ein Verlangen der Seele nach Befreiung oder letzter Klarheit sind, können Sie Ihre größten Stärken nicht wirksam einsetzen!

Übrigens sind die *Undinen* die *Wassergeister* und man kann sie nur durch Festigkeit kontrollieren. Wir sehen hier, dass »wässrige« Menschen wie Sie sich selbst gegenüber fest sein sollen. Wenn Gefühle außer Kontrolle geraten, ist immer das einzig wirksame Gegenmittel die Festigkeit. Wasserzeichen mit der Gabe der Festigkeit gewinnen enorm an Ausstrahlung und Charisma!

Aura Soma: göttliche Öle

Die farbigen Aura-Soma-Öle sind ein Geschenk des Himmels: Während einer Meditation empfing die hellsichtig veranlagte, blinde Vicky Wall (1991 verstorben) die Rezeptur zur Herstellung ihrer Öle. Diese Balance-Öle lösen innere und äußere Heilprozesse aus!

Es gibt 92 verschiedene Aura-Soma-Öle.

Die Öle und die darunter liegende Wasserschicht enthalten Heilkräuter- und Blütenessenzen, Spuren von Edelsteinen sowie Duftextrakte. Durch Schütteln entsteht kurzzeitig eine Emulsion, wobei die Inhaltsstoffe gleichmäßig verteilt werden. Die Balance-Emulsion wird auf die Stelle des Körpers aufgetragen, die energetisch gestört und damit ausgleichsbedürftig ist. Im Laufe der Zeit entstanden 92 Öle. Die Heilwirkung der unterschiedlichen Farben bzw. Farbkombinationen stellten sich nach und nach in der Praxis heraus.

Unsere Aura ist ein vitales, feinstoffliches Energiefeld, das alles Lebendige wie eine Atmosphäre umhüllt. Die Farben der Aura sind ein Barometer für unser Temperament und unseren Charakter. Heute wird diese Ausstrahlung durch die Kirlian-Fotografie für alle sichtbar. Wenn chronische Störungen vorliegen, gerät diese Energieentladung aus den Fugen. Die Aura enthält durch diese Öle ihr fehlendes (Farb-)Licht und damit ihre Energie zurück.

Aura Soma ist eine Heilmethode, die nicht durch einen Therapeuten vorgeschrieben wird. Der Berater ist eigentlich nur Interpret der Farbbotschaft. Die Heilung bestimmt jeder selbst durch die Wahl von vier unterschiedlichen Fläschchen.

In England, dem Herkunftsland der Balance-Öle, wird die Behandlung mit ihnen deshalb auch als »nicht eingreifende Seelentherapie« bezeichnet.

Bach-Blüten

Kein Vertreter eines anderen Tierkreiszeichens ist so empfänglich für kosmische Schwingungen und feinstoffliche Energien wie ein Fische-Mensch. Deshalb vertraut er sich gerne einer Heilmethode an, bei der es um feinstoffliche Energien von bestimmten Blüten geht. Die von Dr. Edward Bach in den 30er-Jahren des vergangenen Jahrhunderts entwickelten Bach-Blüten sollen den harmonischen Kontakt mit der Ganzheit der Persönlichkeit wieder herstellen. Sie wirken äußerst sanft und ohne starke Reize oder Veränderungen.

Bach-Blüten bringen Sie Ihrer Seele näher.

Die Bach-Blüten wirken direkt über die feinen energetischen Schwingungsebenen auf das Energiesystem des Menschen. Sie regen die eigenen, im Ursprung immer vorhandenen Fähigkeiten des Menschen an. Dr. Bach glaubte daran, dass Krankheiten entstehen, wenn die Persönlichkeit nicht in Übereinstimmung mit der Seele handelt.

Insgesamt gibt es 38 Bach-Blüten, deren Konzentrate inzwischen verschreibungspflichtig sind. Allerdings sollten die Konzentrate nur tropfenweise in einem Glas Wasser eingenommen werden. Meist wird auch eine Kombination von vier bis sechs Blütenessenzen zusammengestellt. Diese Mischungen – mit Wasser, Quellwasser oder Alkohol verdünnt – gibt es in der Apotheke oder bei Heilpraktikern, die mit Bach-Blüten-Essenzen vertraut sind. Zusätzlich zu den 38 Essenzen hat Edward Bach die »Notfalltropfen« entwickelt, die u. a. bei innerer Anspannung helfen.

Die für einen in einer bestimmten Situation passenden Bach-Blüten kann man sich auch selbst aus der vielfältigen Literatur heraussuchen. Für Fische-Menschen sind folgende Essenzen besonders heilsam, die Mechthild Scheffer wie folgt beschreibt:

DIE FISCHE

Aspen: unerklärliche vage Ängste, Vorahnungen, geheime Furcht vor irgendeinem drohenden Unheil!

- Überkommen Sie oft grundlos Gefühle von Angst und Gefahr?
- Treten plötzlich Angstzustände auf, wenn Sie allein oder unter Menschen sind?
- Sind Sie von okkulten Phänomenen fasziniert und ängstigen Sie diese gleichzeitig? Sind Sie abergläubisch?
- Plagen Sie Verfolgungsängste, Bestrafungsängste, Angst vor einer unsichtbaren Macht oder Kraft?
- Werden Sie des Öfteren von Albträumen heimgesucht und wachen dann mit panischen Angstgefühlen auf?
- Haben Sie Angst vor Gedanken und Träumen über religiöse Bereiche, vor Dunkelheit oder Tod?
- Plagt Sie manchmal die »Angst vor der Angst«, doch Sie trauen sich nicht, mit anderen darüber zu sprechen?
- Werden Sie von kollektiven Ängsten heimgesucht, wie z. B. Angst vor körperlicher Gewalt, vor Überfällen, vor Schlangen, vor Misshandlungen oder vor Geistern?
- Können Sie manchmal die Atmosphäre an bestimmten Orten oder bei bestimmten Menschen nicht ertragen?

Mit dem Fragenkatalog finden Sie Ihr Heilmittel.

Haben Sie einige dieser Fragen mit Ja beantwortet, dann könnte Aspen eines Ihrer aktuellen Mittel sein!

Centaury: Schwäche des eigenen Willens, Überreaktion auf die Wünsche anderer, Ihre Gutmütigkeit wird meist ausgenutzt, Sie können schlecht Nein sagen!

Das Motiv für die Hilfsbereitschaft der Centaury-Menschen ist nichts weiter als der ganz menschliche Wunsch nach Anerkennung und Bestätigung. Die Centaury-Energie hilft dem »hilflosen Helfer«, den verlorenen Kontakt zum Eigenwillen wieder herzustellen, die Energiepotenziale in der Persönlichkeit zu sammeln und zu stabilisieren.

- Können Sie sich schlecht durchsetzen, sind Sie eher passiv, willensschwach oder fremdbestimmt?
- Reagieren Sie stärker auf Wünsche anderer als auf eigene?
- Spüren Sie sofort, was andere von Ihnen erwarten, oder wollen Sie gerne anderen gefällig sein?
- Stehen Sie unter der Fuchtel einer egoistischen und stärkeren Person (Eltern, Partner, Vorgesetzte u. Ä.)?
- Lassen Sie sich des Öfteren zu etwas überreden, das Sie eigentlich nicht wollen?
- Wird Ihre Gutmütigkeit häufig von anderen ausgenutzt oder fühlen Sie sich oft wie Aschenputtel oder als seelischer Mülleimer (Fußabtreter)?
- Übernehmen Sie des Öfteren unbewusst Gesten, Mimik, Formulierungen und Meinungen einer stärkeren Person?

Die Fragen, die Sie mit Ja beantworten, geben einen wichtigen Hinweis auf Ihr Heilmittel.

Haben Sie einige dieser Fragen mit Ja beantwortet, dann könnte Centaury eines Ihrer aktuellen Mittel sein!

Wild Rose: Teilnahmslosigkeit, Apathie, Resignation oder innere Kapitulation sind die Schlüsselsymptome!
Wild Rose ist verbunden mit den Seelenpotenzialen der Hingabe und der inneren Motivation. Menschen, die Wild Rose brauchen, leben wie halb gestorbene Pflanzen saftlos vor sich hin. Über Depressionen sind sie längst hinaus. Wie »lebenslänglich Verurteilte« haben sie kapituliert und sich dumpf mit ihrem Schicksal abgefunden. »Das liegt bei uns schon in der Familie« oder »Damit muss ich eben leben« sind beliebte Formulierungen dieser »seelischen Anämie«.

- Haben Sie innerlich resigniert, obwohl die äußeren Umstände gar nicht so hoffnungslos wären?

- Haben Sie Ihre Lebensfreude verloren, oder unternehmen Sie keine Anstrengung mehr, etwas zum Positiven hin zu verändern?
- Finden Sie sich fast fatalistisch mit allem ab oder fügen Sie sich in Ihr »Schicksal« (eine unglückliche Ehe, eine chronische Krankheit, ein unbefriedigender Job)?
- Glauben Sie, dass Sie erblich negativ belastet sind oder verfolgt Sie eine unterschwellige Traurigkeit?
- Beklagen Sie sich gar nicht mehr über Ihren Zustand, weil sie ihn schon für normal halten?
- Fühlen Sie sich meistens schlaff, energielos und vegetieren apathisch vor sich hin?

Ein erfahrener Heilpraktiker ermittelt für Sie die geeignete Mixtur.

Haben Sie einige dieser Fragen des Öfteren mit Ja beantwortet, dann könnte Wild Rose eines Ihrer aktuellen Mittel sein!

Wo erhalte ich die Bach-Blüten?

Vielleicht kennen Sie einen guten, auf dem Gebiet der Bach-Blüten-Therapie erfahrenen Heilpraktiker oder Homöopathen, der die für Sie passende Mixtur ermittelt oder Ihnen das fertige Fläschchen entweder gleich mitgibt oder Ihnen ein Rezept für die Apotheke ausstellt. Eine fachlich gute Beratung durch einen geeigneten Therapeuten empfiehlt sich vor allem dann, wenn Sie selbst noch nie in Kontakt mit den Bach-Blüten gekommen sind.

Sind Sie mittlerweile schon ein kleiner »Profi« geworden und beherrschen die Eigendiagnose, dann können Sie sich nach sorgfältiger Auswahl die entsprechende Mischung in fast allen Apotheken zusammenstellen lassen. Daueranwender besorgen sich die Konzentratfläschchen direkt beim Bach-Center und mischen sich die Heilmittel jeweils nach Bedarf selbst zusammen.

Biochemie

Unter Biochemie versteht man im Allgemeinen die Lehre von der chemischen Zusammensetzung der Lebewesen und den chemischen Vorgängen in den Lebewesen sowie im Besonderen die Lehre des Oldenburger Arztes Wilhelm Heinrich Schüßler (1821–1898). Schüßler war eifriger Verfechter des homöopathischen Gedankenguts. Bei seinen Forschungen richtete er sein Augenmerk auf die Mineralsalze und deren Wirksamkeit. Er entwickelte den Leitsatz: »Die im Blute und in den Geweben vertretenen anorganischen Stoffe genügen zur Heilung aller Krankheiten, die überhaupt heilbar sind.«

Schüßler-Salze lösen krank machende Blockaden im Körper.

Besserung oder Heilung ist nur möglich, wenn die den Zellen fehlenden Stoffe direkt (durch den Blutstrom) zugeführt werden oder wenn eine Entgiftung der Zellen durch gesundes Blut geschehen kann. Schüßler verwendet in seinem Heilsystem nur solche Mineralien, die im Körper, im Blut und in den Geweben in chemischer Bildung vorhanden sind. Durch die Biochemie kann die gestörte physiologische Chemie des Körpers direkt korrigiert werden. Die Schüßler-Salze werden in niedrigen Potenzen von D 3 bis D 12 eingenommen. Sie sind preiswert als Tabletten oder Salbe in der Apotheke erhältlich.

Dem Fische-Menschen unterstehen die zwei Mittel: *Silicea (Sil.) = Kieselsäure* und *Magnesium phosphoricum (Magn. phos.) = phosphorsaure Magnesia*.

Silicea gibt allen Geweben Festigkeit. Sie ist enthalten im Bindegewebe, in der Haut, in den Haaren und Nägeln. Ihre Anwendung ist besonders bei skrofulösen Körpern angezeigt. Sie spielt bei der Haarbildung eine Hauptrolle und ist das Hauptmittel bei alle Eiterungen, weil sie den Eiterausfluss fördert; ferner bei verhärteten Geschwüren und Geschwülsten sowie übel riechendem Fußschweiß. Besondere Anwendung findet die Kieselsäure bei langwierigen Leiden und Schwächezuständen, vor allem bei Erschöpfung des Nervensystems, chronischen Kopfschmerzen und Schlaflosigkeit.

In der Volksmedizin spielen kieselsäurehaltige Tees, vor allem *Equisetum,* eine bedeutende Rolle bei Lungenschwindsucht, schwer heilenden, eitrigen Wunden und Krebs. Darum kann auch Silicea als Mittel bei Krebs und Tuberkulose gelten.

Die biochemischen Arzneien nach Schüßler umfassen zwölf Mittel.

Magnesium phosphoricum kommt in den Zähnen, Knochen, Nerven, im Gehirn, Rückenmark, in den Muskeln und Blutzellen vor. Dem Zahnschmelz gibt es die Festigkeit. Die Bruchfestigkeit der Knochen hängt von deren Gehalt an phosphorsaurer Magnesia ab. Weil die Zähne mehr Magnesia enthalten als die Knochen, finden wir bei Ausgrabungen häufig die Knochen zu Staub zerfallen, während die Zähne oft noch tadellos erhalten sind.

Die phosphorsaure Magnesia gibt darüber hinaus den Nerven und Geweben ihre Spannkraft. Sie ist demnach angezeigt bei allen Krampfkrankheiten (Herz-, Magen-, Blasen-, Wadenkrampf), bei Kopf- und Gesichtsschmerz (Trigeminusneuralgie), bei nervösem Zahnweh, bei Koliken, Blähungsbeschwerden und Schlagfluss, ebenso bei Schmerzen, die blitzartig, schießend, bohrend, stechend sind und durch Wärme oder Druck gebessert werden.

In akuten Fällen ist das Mittel in heißem Wasser aufzulösen, dann wirkt es schneller. Bei sehr heftig verlaufenden Schüben kann man eine Tablette alle fünf Minuten auf der Zunge zergehen lassen bzw. aufgelöst in heißem Wasser schluckweise trinken. Ansonsten reicht die Einnahme von dreimal täglich einer Tablette.

Chinesische Kräutermedizin

Meist wird diese Therapieform zusätzlich zur Akupunktur verordnet. Da die Kräutermischungen abgekocht und als Absud über den Tag verteilt getrunken werden, passt diese Therapie hervorragend zu den wässrigen Tierkreiszeichen, die auf »flüssige Medizin« stets positiv ansprechen.

Die chinesische Medizin fand in den vergangenen Jahren immer mehr Beachtung und Zulauf. Schon im 16. Jahrhundert schrieb der Arzt und Naturforscher Li Shizhen seinen berühmten »Abriss der Kräutermedizin«. Das Werk umfasst 52 Schriftrollen und enthält 1892 verschiedene Arzneien sowie mehr als 10 000 Rezepturen. Es gilt immer noch als »Schatzhaus der chinesischen Medizin«.

Die Arzneimittel werden gekocht und als Tee über den Tag verteilt getrunken.

Pflanzliche, mineralische und tierische Stoffe werden je nach Diagnose in einer individuell zusammengestellten Rezeptur verordnet. Die meisten Drogen sind pflanzlichen Ursprungs, einige stammen aus dem Mineralreich und ganz wenige aus dem Tierreich, wobei auf den Artenschutz geachtet wird.

Die Arzneimittel werden gekocht und als Dekokt (Absud) oder als Tee über den Tag verteilt getrunken. Es gibt aber auch Granulate (für die Urlaubszeit oder für Menschen, die viel unterwegs sind) oder Konzentrate (besonders für Kinder geeignet).

Die Ihnen von Ihrem Therapeuten verordnete Gesamtmenge ist meistens für acht Tage berechnet. Wundern Sie sich nicht über den interessanten Inhalt dieser Kräutermischungen: Da finden Sie auch Wurzeln und Rindenstücke und manch Undefinierbares – von den Gerüchen mal ganz abgesehen.

Die Kochzeit beträgt für die meisten Arzneimittel 20 Minuten; für mineralische eine Stunde, für Blätter und Blüten nur drei

DIE FISCHE

Minuten. Die genaue Angabe über die Kochzeiten stehen auf dem jeweiligen Beutel.

Schütten Sie den Inhalt des Beutels in einen großen Topf und gießen Sie etwa 1,5 Liter kaltes Wasser dazu. Lassen Sie jetzt Ihre Kräutermischung eine Stunde lang einweichen. Danach kochen Sie die Arzneimittel nach Empfehlung aus. Stellen Sie die Hitze so ein, dass die Mischung bei geschlossenem Deckel leise vor sich hin köchelt und die Kräuter immer gut mit Wasser bedeckt sind. Danach gießen Sie den Absud durch ein feines Sieb in ein großes Gefäß ab. Geben Sie die ausgekochten Kräuter wieder zurück in den Topf und übergießen diese nochmals mit kaltem Wasser. Lassen Sie das Ganze wieder 30 Minuten kochen und vermischen Sie es danach mit dem Sud der ersten Abkochung.

Etwas abkühlen lassen und dann in zwei leere Flaschen füllen, die Sie im Kühlschrank aufbewahren. Eine Flasche enthält nun das Konzentrat für vier Tage. Nehmen Sie täglich einen Viertelliter aus der Vorratsflasche, die Sie zuvor gut geschüttelt haben. Füllen Sie diese Menge in eine kleinere, gut verschließbare Flasche und stocken Sie den Absud mit frisch abgekochtem Wasser auf drei Deziliter auf. Den Inhalt der kleinen Tagesration sollten Sie dann über den Tag verteilt zwischen den Mahlzeiten schluckweise trinken.

Haben Sie diese achttägige Arzneimittelkur gut vertragen, dann sollten Sie mit der gleichen Mischung so lange fortfahren, bis sich all Ihre Beschwerden deutlich gebessert haben. (Viele Buchtipps und Kontaktadressen zur chinesischen Medizin finden Sie im Anhang.)

Achten Sie bei Ihrer Kräutermischung auf eine sorgfältige Zubereitung.

Darmpflege

»Das Übel sitzt im Darm« ist eine alte Erkenntnis, die auch von modernen Ernährungswissenschaftlern bestätigt wird. Denn die meisten unserer Erkrankungen haben ihren Ursprung im gestörten Darmmilieu. Als Fische-Persönlichkeit sind Sie sehr anfällig für Viren, Bakterien, Pilze etc., die in den Körper eindringen. Ihr Gegenzeichen *Jungfrau* ruft Sie dazu auf, Ihren Darm gesund zu erhalten. Dort leben Milliarden Mikroorganismen in Symbiose mit Ihrem Organismus. Sie gewährleisten einen intakten Stoffwechsel und sorgen für ein aktives Immunsystem.

Vielen Erkrankungen liegt eine gestörte Darmflora zugrunde.

Sieben Regeln für Ihre gesunde Darmflora
1. Essen Sie so wenig weißen Zucker wie möglich. Er ist in Limonaden, gesüßten Getränken, Konfitüren, Marmeladen, Süßigkeiten, Pralinen, Speiseeis, Schokolade, Gebäck und Konditoreiwaren versteckt. Er führt Ihrem Körper nur unnötig leere Kalorien zu.
2. Bevorzugen Sie Getreideprodukte aus dem vollen Korn. Vollkornprodukte ersetzen in idealer Weise die weißen Auszugsmehlsorten und liefern wichtige Nährstoffe, Spurenelemente, Vitamine und Mineralien.
3. Halten Sie den Fettverzehr in engen Grenzen. Achten Sie auch auf versteckte Fette in Fleisch und Wurstwaren sowie in Fertiggerichten, denn tierische Fette im Übermaß schaden.
4. Essen Sie täglich hochwertige Eiweißstoffe: Sie finden diese in Sauermilchprodukten, Quark, fettarmen Käsesorten, in Sojaprodukten, Knollengemüsen und Vollgetreideprodukten.

5. Essen Sie gewürzte Speisen: Sie regen damit Ihren Appetit an und können teilweise auf die Verwendung von zu viel Salz in der Nahrung verzichten. Kräutergewürze enthalten außerdem viele verdauungsfördernde Stoffe.
6. Nehmen Sie nur so viele Kalorien zu sich, wie Sie täglich verbrauchen. Wenn Sie sich nur wenig bewegen, benötigen Sie auch weniger »Brennstoffe«. Essen Sie lieber täglich mehrmals kleine Mahlzeiten als die üblichen drei großen Mahlzeiten.
7. Essen Sie ausreichende Mengen an Naturfaserstoffen. Rühren Sie sich vor den kleinen Mahlzeiten einen Tee- oder Esslöffel voll Weizenkleie oder ähnlichen Faserstoffen an und trinken Sie dazu reichlich Tee, Mineralwasser oder mit Wasser verdünnte Gemüsesäfte.

Kräutergewürze helfen bei der Verdauung.

Diät, Enzyme und Spirulina

Da die meisten Fische-Geborenen gerne schlemmen und alles, was aus dem Meer kommt, besonders mögen, ist eine *Meeresdiät* für Sie genau das Richtige. Es schmeckt und trotzdem purzeln die Pfunde.

Zum Frühstück gibt es eine Scheibe Vollkornbrot mit zwei Scheiben fettarmem Käse belegt. Mittag dünsten Sie sich 250 g Kabeljau, dazu eine kleine Packung Blattspinat, oder 150 g Matjeshering (fertig zubereitet) und dazu zwei kleine Kartoffeln. Zum Abendessen zwei Vollkorntoasts mit 50 g geräuchertem Lachs und dazu ein gekochtes Ei. Alternativ 200 g Krabben mit Thousand-Island-Dressing und dazu eine Scheibe Sesamknäcke. Gewöhnen Sie sich auch an, ungefähr eine halbe Stunde vor den Mahlzeiten einen halben Liter stilles Wasser zu trinken.

Probieren Sie es einmal mit einer Meeresdiät.

Astrologisch wird den Fische-Geborenen auch eine rein vegetarische Diät zugeordnet. Wählen Sie selbst aus, was Ihnen besser schmeckt.

Falls Sie Diät halten, dann wäre zusätzlich der Saft der *Noni*, einer Pflanze, die in Indien, China, Südostasien, Polynesien und im pazifischen Raum angebaut wird, segensreich für Sie. Er enthält zahlreiche Enzyme, Koenzyme, pflanzliche Hormone, Alkaloide, Vitamine und Spurenelemente. Er stärkt nachhaltig Ihr Immunsystem und Ihre Selbstheilungskräfte, doch er entspannt auch und hebt die Stimmung durch seinen Serotoningehalt. Er schenkt Ihrem Körper viel Energie und fördert tiefen Schlaf. Dosierung: Möglichst 20 Minuten vor den Mahlzeiten nehmen Sie zwei Esslöffel davon und lassen den Saft lange im Mund, bevor sie ihn herunterschlucken (das verbessert die Wirkungsentfaltung).

DIE FISCHE

Enzyme sind ebenfalls heilsam für Fische-Menschen. Enzyme finden wir unter den Proteinen; sie fungieren im menschlichen Körper als Biokatalysatoren. Da Fische-Persönlichkeiten ebenfalls wie Katalysatoren fungieren, sprechen sie sicher auf die Enzymtherapie gut an, wenn sie unter Entzündungen leiden.

Die alten Völker haben bereits die Heilkraft der Enzyme gekannt und genutzt. So werden in der Ayurveda-Medizin die Früchte der Bromeladeae- und Caricaceae-Familien bei Darmerkrankungen und Gallenbeschwerden eingesetzt. Die Indianer haben die Melonen als Lebens- und als Heilmittel verwendet. In Vorderasien war bekannt, dass das Auflegen von gekauten Feigen offene Tumore heilte.

Die Heilkraft der Enzyme war bereits den Urvölkern bekannt.

Auch im Mittelalter behandelte man Warzen und Furunkeln mit dem Saft von Wolfsmilchgewächsen. Das Fleisch der Papaya und der zerquetschten Ananas enthält besonders viele Eiweiß auflösende Enzyme, doch Sie müssten enorme Mengen davon vertilgen, um einer Entzündung Herr zu werden.

1831 kannte man nur ein einziges Enzym; inzwischen sind uns über 2000 bekannt. Stellvertretend für alle Vorkämpfer einer menschlichen Medizin erzähle ich Ihnen vom Enzymforscher Prof. Max Wolf. Er wurde 1885 in Wien geboren und arbeitete in New York als hochangesehener Universitätsprofessor. Er leitete eine Entbindungsklinik und forschte über Hormone und Eiweiß produzierende Bakterien. Dann hörte er von einer »Normalsubstanz« im Blut, die vor Krebs schütze, gründete das Biological Research Institute und holte sich die Biochemikerin Helen Beniter dazu.

Nach vielen Jahren Forschungsarbeit gewannen sie ein Enzymgemisch (Wobe-Enzym), bei dem auch der deutsche Biologe Karl Ransberger mitwirkte, und alle zusammen gründeten dann in München die »Medizinische Enzymforschungsgesellschaft«. Wolf stieß bei einem großen Teil der Ärzteschaft auf großen Widerstand. Er starb im Alter von 91 Jahren an Magenkrebs. Zuvor ließ er sich noch sein Enzymgemisch direkt in den Tumor spritzen. Der Tumor wurde davon zersetzt, doch seine Nieren konnten die Entgiftung nicht mehr bewältigen und versagten bei diesen gewaltigen Giften.

Doch nicht nur Wolf wurde verlacht. Auch Wilhelm Reich, der die Orgon-Energie und die Bionen entdeckte, wurde von den amerikanischen Gesundheitsbehörden verfolgt und starb im Gefängnis. Die Bakteriologen Robert Koch, Gerhard Domagk, die Chirurgen Joseph Lister, K. L. Schleicher und Ferdinand Sauerbruch sind ebenfalls ständig verhöhnt worden; einige dieser wissensdurstigen Entdecker und Forscher landeten sogar in der Psychiatrie, denn die Allgemeinmediziner duldeten scheinbar keinen Widerspruch.

Heute werden Enzyme immer begleitend eingesetzt.

Heute werden Enzyme immer begleitend bei vielen Tumorerkrankungen eingesetzt sowie bei Entzündungen aller Art, ebenfalls bei bestimmten Autoaggressionskrankheiten wie multipler Sklerose und rheumatoider Arthritis, bei viralen Effekten und Allergien. Enzympräparate wirken heilsam bei

- Entzündungen und Ödemen, weil sie den Blutfluss anregen, Schmerzen und Ödeme verschwinden lassen,
- übermäßiger Gerinnung (Thrombosen), weil sie diese verhindern,
- allgemeinen Entzündungen aller Art, weil sie schadhaftes Gewebe schneller abbauen,
- bösartigen Tumoren, weil sie diese mittels einer Tarnkappe zersetzen und die Abwehr der Tumorzellen aufklappen,
- viralen Infekten (Herpes, Aids), weil sie die an den Nervenzellen klebenden Immunkomplexe abtrennen,
- der Nachbehandlung von Krebs, weil sie die Heilung beschleunigen und Rückfälle verhindern.

Gute Enzympräparate erhalten Sie in jeder Apotheke; in manchen Fällen verschreiben Ärzte das etwas teure Präparat (Kontaktadresse: Arbeitskreis Pro Enzym, Kanalstraße 7, 80538 München, Tel.: 0 89/29 16 01 15, Fax: 0 89/29 16 08 41).

Aber auch *Spirulina*, die blaugrüne Mikroalge, ist für Fische-Menschen äußerst heilsam, denn sie kommt aus dem Meer (wie Sie). Diese mikroskopisch kleine Blaualge gehört zu den ältesten pflanzlichen Organismen auf unserer Erde. Sie produziert immens viel Sauerstoff und bereits die alten Azteken haben Spirulina als Mittel zur Leistungssteigerung verehrt. Sie stärkt das Immunsystem, macht fit, enthält viele Mineralien, Vitamine, Spurenelemente, Enzyme und leicht verdauliches, komplettes Protein (die acht essenziellen Aminosäuren in einem optimalen Verhältnis). Dieses »grüne Gold« ist für Mensch, Tier und Pflanze gleichermaßen wertvoll.

Die Mikroalge Spirulina gilt in der Naturheilkunde als »grünes Gold«.

Wie man die Alge auch in der Küche verwenden kann, erfahren Sie im Buch von Marianne E. Meyer: »Spirulina – Das blaugrüne Wunder« (siehe Anhang unter »Spirulina«).

In der Zeitschrift »BIO – Gesundheit für Körper, Geist und Seele« finden Sie viele Inserenten, die Spirulina, Noni und auch kolloidales Silber per Versand liefern!

Essen, das glücklich macht

Klar, dass sich Liebeskummer und Schicksalsschläge nicht einfach »wegessen« lassen. Doch wer sich richtig ernährt, kann die großen und kleinen Probleme des Lebens besser überstehen, weil er psychisch stabiler bleibt.
Ein paar Tipps für Sie:

- *Aprikosen* enthalten sehr viel Folsäure, und das hebt Ihre gute Laune.
- *Alkohol* ist in kleinen Mengen sehr gesundheitsfördernd. In Frankreich leiden viel weniger Menschen an Herz-Kreislauf-Erkrankungen als in anderen vergleichbaren Ländern, denn sie trinken regelmäßig – geringe Mengen! – Alkohol.
- *Auberginen* sind edle Nachtschattengewächse, die die Bildung von Serotonin unterstützen, was wiederum eine beruhigende Wirkung zur Folge hat.
- *Bananen* enthalten ebenfalls Serotonin. Als Zwischenmahlzeit im stressigen Alltag gegessen, kann deshalb eine Banane beruhigend wirken.
- *Chilischoten* beinhalten sehr viel Capsaicin, das macht sie so scharf. Doch diese Schärfe löst einen Reiz aus, der das Gehirn veranlasst, die Produktion der körpereigenen Endorphine anzukurbeln. Und Sie wissen ja: Endorphine haben sowohl eine schmerzlindernde als auch eine euphorisierende Wirkung.
- *Eiweiß* in Milch, Milchprodukten, Eiern, Fleisch, Fisch, Getreide, Hülsenfrüchten, Weizenkeimen und Nüssen enthält die Aminosäure Tyrosin. Die wiederum bildet die Hormone Dopamin und Noradrenalin. Das wirkt leistungsstärkend und konzentrationsfördernd. Sehr gut für Geistesarbeiter.

Wer sich richtig ernährt, lebt gesünder.

DIE FISCHE

- *Kartoffeln* besitzen reichlich Kalium, das das Gehirn mit genügend Sauerstoff versorgt. Doch sie unterstützen auch die Bildung des beruhigend wirkenden Serotonins.
- *Knoblauch* hat ein weit gestecktes positives Spektrum. Er verbessert die Durchblutung, senkt den Blutfettspiegel, entkrampft Gefäße, Arterien und das Herz.
- *Paprika* ist ebenfalls für die Bildung von Serotonin im Körper verantwortlich und dieser Botenstoff hat bekanntlich sehr beruhigende Wirkung.
- *Petersilie* ist sehr segensreich, denn mit nur 5 g Petersilie kann der Tagesbedarf an Provitamin A gedeckt werden. Zudem hat sie eine sehr anregende Wirkung und hilft der Niere, alle Giftstoffe aus dem Körper auszuschwemmen.
- *Spinat* enthält viel Folsäure und bewirkt im Gehirn die Serotoninproduktion. Wer zu wenig Serotonin im Körper hat, bekommt ganz schlechte Laune.

Knoblauch besitzt ein breites Heilspektrum.

Farbtherapie

Sehr gut stehen Ihnen als Fische-Persönlichkeit fließende oder sehnsüchtige Farben wie Algengrün, Flussgrün, blaugrüne Mischtöne, Rosa oder ein helles Lila – auch Batikfarben passen sehr gut und unterstreichen Ihre Ausstrahlung.

Tragen Sie bevorzugt *grüne Farbtöne,* dann symbolisiert diese Farbe die Vegetation, die Natur und das Wachstum. Sie erinnert an den Frühling und an Frische und Neubeginn. Grün ist die Farbe der Hoffnung und der Empfindungswelt. Sie ist Wachstum, Naturverbundenheit und Unschuld.

Grün ist die Farbe des Wachstums und der Empfindungswelt.

In der Therapie ist Grün sehr gut bei Herzschmerzen einsetzbar, bei Herzanfällen, hohem Blutdruck, einer zu negativen Lebenseinstellung, bei Ermüdungen aller Art, bei Atmungsproblemen, Anspannungen, Schlafstörungen, Ärger, Krebs und Paranoia.

Psychisch wirkt Grün beruhigend und erfrischend; diese Farbe stärkt die Freundlichkeit und Naturverbundenheit, die Hoffnung, Willensspannkraft, die Selbstsicherheit und sie aktiviert die innere Zufriedenheit.

Tragen Sie gerne *blaue Farben,* dann haben diese immer mit Ihren geistigen oder spirituellen Erlebnissen oder Erkenntnissen zu tun. Blau ist die Polarität zum emotionalen Rot und hat etwas Kühles und Überlegenes. Das weiche, zarte Blau ist eine typisch weibliche Farbe und symbolisiert seelische Entspannung und innere Gelöstheit. Blau steht für die geistigen Ziele und Einsichten, für die Religiosität, den Glauben oder die geistige Reife.

In der Farbtherapie wirkt Blau antiseptisch, kühlend und auch zusammenziehend. Es wird bei Überfunktion der Schilddrüse, Halsschmerzen, Entzündung, Fieber, Nervosität, Ohreninfek-

DIE FISCHE

tion, geistiger Erschöpfung, Koliken, hohem Blutdruck und leichter Erregbarkeit eingesetzt.

Psychologisch gesehen weist Blau in die Weite, ins Ferne, in die Unendlichkeit. Es symbolisiert Treue, Sehnsucht und Entspannung, aber auch Hinwendung zum eigenen Inneren und aktiviert den Rückzug zum Ich.

Bei Mischtönen wie Blaugrün sind die Aussagen über beide Farben wirksam.

Meist trägt man die Farbtöne des Aszendenten, aber auch die Zeichen in Mond und Venus geben Hinweise auf den Farbgeschmack.

Doch auch Ihr Aszendent – die Beschreibung und eine Tabelle zum Errechnen des Aszendenten finden Sie im Anhang – ist ein wichtiger Punkt, der für Sie günstige Farbvariationen anzeigt:

- *Aszendent Widder* kann recht feurige Farben tragen, z. B. ein leuchtendes Hellrot oder ein Blutrot.
- *Aszendent Stier* mag Erdfarben wie Braun, Lehmfarben, Taupe, Khaki, Terrakotta, Korallenrot oder ein saftiges Grün.
- *Aszendent Zwillinge* liebt luftige Farbtöne wie Postgelb, Hellgelb, Hellgrau oder Himmelblau.
- *Aszendent Krebs* bevorzugt eher die weichen Pastelltöne, z. B. Rosa, Lila oder Violett.
- *Aszendent Jungfrau* tendiert wiederum zu eher gedeckten Farben wie Sand, Hellbraun, Taupe, Beige, Grau oder Lindgrün.
- *Aszendent Waage* braucht luftige, harmonische Farbtöne, z. B. ein helles Blau, ein mildes Grau, Taubenblau, Blaugrau, Blaugrün, Rauchgrau.
- *Aszendent Schütze* schätzt leuchtende Farben wie Kardinalsrot, Königsblau oder ein tiefes Gelb.
- *Aszendent Steinbock* bevorzugt gedeckte oder dunkle Töne, z. B. Schwarz, Dunkelblau, Dunkelgrün, Anthrazit oder Bleifarben.

◆ *Aszendent Wassermann* kann metallische Farben gut tragen, z. B. Eisblau, Eisblaugrün, Blitzlichtfarben, oder Stoffe, die metallisch wirken oder ein bisschen leuchten.

Farben gehören aber auch in der Behandlung von Krankheiten zu den modernsten wirksamen Therapieverfahren. Farbimpulse sind am erfolgreichsten, wenn sie auf die jeweiligen Akupunkturpunkte oder Energiezentren gerichtet werden. Die Farbtherapie geht davon aus, dass die Frequenzen von Zellen gestört sind. So verwendet man z. B.
◆ *Rotlicht* bei allen chronischen Erkrankungen und Durchblutungsstörungen;
◆ *Blaulicht* bei allen hitzigen und eitrigen Prozessen, bei Nervosität, Schlaflosigkeit, Koliken, Blutungen, Entzündungen und Schmerzen.

Wenn Farbimpulse auf Akupunkturpunkte oder Energiezentren gerichtet werden, sind sie am wirksamsten.

Während die Farb- bzw. Lichttherapie zumeist das sichtbare Licht als Heilungsfaktor einsetzt, nutzt die Phototherapie sichtbares und nicht sichtbares Licht zur Behandlung von Tumorpatienten. Hier wird mit UV-Licht oberhalb 340 nm (UV-A1) bestrahlt und man kann Erfolge nachweisen: Die Zahl der T-Helfer-Zellen steigt, das Immunsystem des Kranken reagiert rascher!
Aber auch in der Psychologie spielen Farben eine große Rolle. Mithilfe von Farben können Sie Ihre Persönlichkeit testen. Der bekannteste ist wohl der Lüscher-Farbtest, der Aufschluss gibt über durch Erziehung oder Training eingeübte Verhaltens- und Denkstrukturen, über unbewusste emotionale Strukturen, über die Willenskraft eines Menschen, seine Handlungen und Erwartungen an sich und an das Leben sowie über seine tiefen Antriebe und Bedürfnisse. Das könnte sicher spannend werden!

Fitness

Echte Fische-Geborene wie Sie haben mit anstrengenden Sportarten nichts am Hut, außer Sie haben vom Nachbarzeichen Widder noch ein paar Planeten abgekriegt. Vielleicht haben Sie schon mal die »fünf Tibeter« eine Zeit lang geübt und jetzt fällt Ihnen ein, dass Sie das mal wieder tun sollten. Allerdings machen Fische anderen Menschen zuliebe vieles mit und man kann sie deshalb zu manchen körperlichen Aktivitäten mitreißen oder begeistern.

Fitness bedeutet für Sie, träumend auf der Luftmatratze zu liegen.

Schaukeln wäre was für Sie oder träumend auf der Luftmatratze liegen oder ein wenig Boot fahren, wenn der Partner das Ruder in die Hand nimmt. Ganz hervorragend sind Sie jedoch, wenn Sie andere therapieren sollen, und dann sollten Sie sich die Fußreflexzonenmassage, die Lymphdrainage oder die Kinesiologie als Beruf aussuchen.

Doch die astrologische Statistik beweist auch, dass Fische-Geborene beim Fußball die besten Torverhinderer sind. Ins Tor zu treffen ist nicht ihre Devise, aber den Ball vor dem Tor abzufangen, das können sie. Berühmte Vorbilder haben es vorgemacht: Sepp Maier, Toni Schumacher, Andy Köpke und Andreas Thiel (im Handballtor). Es gibt also doch recht sportliche Fische.

Ich weiß aber noch eine wohltuende Sportart für Sie für zu Hause: die *Atemschulung*, die reinste Form aller Fitnessübungen. Sie wollen doch alles fließen lassen. Hier wird auf das Atmen größte Konzentration gelegt, weil der Atem das Bindeglied zwischen Körper und Seele ist. Der so genannte »erfahrbare Atem« nach Prof. Ilse Middendorf (siehe im Anhang unter »Atemtherapie«) weckt Ihre inneren Heilkräfte. Bei dieser Atemschulung geht es nicht um das sture Ausführen irgendwelcher Übungen, sondern vielmehr um die eigene Erfahrung der körperlichen Vorgänge. Das Einatmen zählt zur aktiven Phase, das Ausatmen zur passiven.

Legen oder setzen Sie sich einmal hin. Atmen Sie ganz langsam ein und spüren Sie, wie der Atem Sie füllt. Er füllt nicht nur die Lunge, sondern auch den Bauchraum. Stellen Sie sich dabei vor, dass Sie aktiv werden. Danach atmen Sie ganz langsam wieder aus und stellen sich dabei vor, dass Sie einfach alles loslassen.

Für den »erfahrbaren Atem« gibt es immer wieder Wochenendkurse zum Erlernen der wichtigsten Übungen. Ich wünsche Ihnen viel Spaß dabei!

Probieren Sie es doch einmal mit »Atemschulung«.

Fußreflexzonenmassage

Fische-Geborene haben meist empfindsame Füße.

Äußerst heilsam für Fische-Menschen sind alle Therapien an den Füßen, da ihnen astrologisch gesehen die Füße zugeordnet sind. Im Laufe der Jahre hat sich zudem herausgestellt, dass vor allem Fische-Geborene oder Menschen, die laut Geburtshoroskop Planeten im Zeichen Fische oder im zwölften Haus aufweisen, sehr gut auf die Massage der Fußreflexzonen reagieren. Auch Sie selbst sollten sich täglich wenigstens zehn Minuten die Füße massieren.

Ungefähr zur Jahrhundertwende entdeckten amerikanische Ärzte, dass sich auf der Haut der beiden Fußsohlen Druckpunkte befinden, die den Regionen und Organen des ganzen Körpers entsprechen. Massiert man z. B. den Druckpunkt Magen, dann regt man damit das Organ Magen an.

Der amerikanische Arzt William Fitzgerald systematisierte das Wissen der alten Indianerstämme um die Fußreflexzonen und veröffentlichte es im Jahr 1917. Eunice Ingham entwickelte aus diesem Wissensschatz eine eigene Methode und verbreitete die Möglichkeiten zur Eigenbehandlung. In Deutschland ist diese Therapie untrennbar mit dem Namen Hanne Marquardt verknüpft.

Im Fuß kann man den Zusammenhang zwischen den Organen und den Systemen des Menschen erkennen und behandeln. Die während einer Behandlung ausgelösten Reflexe zeigen an, dass die Heilreize vom Körper beantwortet werden. Eine Behandlung sollte möglichst zwei- bis dreimal pro Woche erfolgen (jeweils 20 bis 30 Minuten), sechs bis zwölf Sitzungen davon sind empfehlenswert. Mit der Fußreflexzonenmassage kann man alle funktionellen Beschwerden des Verdauungs- und Urogenitaltrakts, Erkrankungen der Atmungsorgane,

Gesundheitstipps

Herz-Kreislauf-Beschwerden und psychosomatische Leiden lindern und man kann nebenbei auch noch die eigene Seele massieren.

Die *Fußanalyse* ist der zentrale, aber nicht der einzige Bestandteil einer Methode, die von Avi Grinberg entwickelt und während der letzten zehn Jahre unterrichtet worden ist. Ein Praktiker der Fußanalyse mischt sich nicht in medizinische Aspekte ein und behauptet auch nicht, die Krankheiten zu heilen (obwohl dies häufig geschieht), sondern er will gemeinsam mit dem Klienten arbeiten, um dessen innere Energien (die körperlichen und die geistigen) zu mobilisieren und das Ungleichgewicht im Körper zu überwinden. Dieses hochwirksame, ausgeklügelte System der Analyse hat das einzige Ziel, das Wohlbefinden des Menschen zu steigern, denn unsere Füße sind ebenfalls »Spiegel unserer Seele«!

Ein Fußspezialist kann bestimmte Krankheitsbilder an den Füßen ablesen.

Geistheilung

Geistheilung bedeutet u. a. in Harmonie sein mit sich und der Umwelt.

Die anthroposophische Medizin zeigt uns ganz deutlich, dass unserer naturwissenschaftlichen Medizin etwas ganz Entscheidendes fehlt: Spiritualität, Ganzheit und Seele. Das Eingebundensein in diese göttliche Ordnung, das Teilhaben an einem sinnhaften Kosmos, das Schwingen in Harmonie mit sich und seiner Umwelt, das ist Gesundheit.

Geistheilung kann von außen geschehen oder auch von innen aktiviert werden. »Geistiges Heilen« ist eigentlich ein Sammelbegriff für viele therapeutische Verfahren, die nur eines verbindet: die Absicht, Leiden zu lindern oder Menschen zu heilen. Dabei werden keine Hilfsmittel eingesetzt – und was heilt, scheint »Geist« zu sein.

- Die älteste Form der Geistheilung geschieht durch *heilende Hände* (Ähnliches wird bei Reiki, Qi Gong oder Prana-Heilen praktiziert).
- Die zweite Form sind *Fernheilungen*, wo Heiler und Patient räumlich getrennt sind. Nach meiner Ansicht nur die zweitbeste Lösung, denn Heilung oder Linderung funktioniert besser bei persönlichem Kontakt.
- Die dritte Variante wären die *Gruppenheilungen*. Es kann durchaus die Heilwirkung verstärken, wenn alle Anwesenden ihre Heilkräfte vereinen.
- Die vierte Form sind die *Gebetsheiler*, die höheren Beistand anrufen. Diese Geistheiler oder der Patient selbst arbeiten vor einem starken religiösen Hintergrund und verstehen sich als Werkzeuge Gottes.
- Die fünfte Variante sind *Orte der Kraft*, die die kranken Menschen aufsuchen, um dort ein Heilwunder zu erleben. Auch der religiöse Brauch des *Wallfahrens* beruht auf die-

ser Überzeugung. Inzwischen geht die Esoterikszene mit radiästhetischen Methoden ebenfalls auf die Suche nach neuen »Kraftplätzen«.
◆ Die sechste Form der Geistheilung sind die Mittler zwischen dem Hier und der geistigen Welt, die *Hilfe aus dem Jenseits* aktivieren. Beim *Schamanismus* versetzt sich der Heiler in einen ekstatischen Bewusstseinszustand. So kann sich seine Seele mit Geistwesen vereinen und aus deren Wissen und Können schöpft er die Macht, Erkrankungen zu erkennen und zu beseitigen.

Betrachten Sie das geistige Heilen immer als Ergänzung zu anderen Therapien. Suchen Sie nicht nach Spezialisten für bestimmte Krankheiten. Ein guter Heiler behandelt nicht die jeweilige Krankheit, sondern immer den kranken Menschen als Ganzes. Vertrauen Sie bei der Suche nach dem richtigen Geistheiler auf Ihre innere Stimme und auf nachfolgende Tipps: Ein Geistheiler kann auf Werbung verzichten, denn allein die Mundpropaganda seiner zufriedenen Patienten sorgt für den Zulauf neuer Kunden. Der Dachverband Geistiges Heilen e. V. (DGH) setzt sich für mehr Geist und Seele im Gesundheitswesen ein, arbeitet auf eine Änderung der bestehenden Rechtslage hin, vermittelt Hilfe Suchenden seriöse Heiler, berät seine Mitglieder kostenlos in Rechtsfragen und überwacht die Einhaltung eines ethischen Verhaltenskodexes, der für seine Mitglieder verbindlich ist. (Die Adresse des DGH finden Sie im Anhang.)

Geistiges Heilen wird stets ergänzend zu anderen Therapien eingesetzt.

Heilhypnose

Die Hypnose hilft Ihnen, z. B. eingefahrene Muster in Ihrem Grundsystem zu lösen.

Hypnose (griechisch »hypnos« = Gott des Schlafes) ist eine besondere Form der (Selbst-)Suggestion. Ein Hypnotiseur versetzt den Patienten in Trance und gibt ihm Befehle, die weit in den Wachzustand hineinreichen. Doch Hypnose kann nur gelingen, wenn der Patient seinem Therapeuten tief vertraut. Die ersten Hypnotiseure waren Priester und gleichsam Vermittler zwischen Gott und Mensch. Erst im 19. Jahrhundert entdeckten ernsthafte Forscher, Ärzte und Heiler die Hypnose wieder als Therapie. Auch Sigmund Freud beschäftigte sich stark mit dem Phänomen der Hypnose.

Unter Hypnose sind wir in der Lage, Informationen und Suggestionen in unser Gehirn einzubringen, ohne dass unser Verstand als Zensor eingreift. Gleichzeitig sinkt der Blutdruck und die Atmung wird verlangsamt, die Stresshormone im Blut nehmen ab und es vermehren sich die für unsere Immunabwehr so wichtigen Lymphozyten. Bei vielen Erkrankungen hat diese Therapie schon erstaunliche Heilerfolge gezeigt.

Die Hypnosetherapie, das autogene Training und andere konzentrative Entspannungstechniken helfen Ihnen, alle Erstarrungen im Grundsystem zu lösen und den Weg frei zu machen für andere positiv eingreifende Heilmethoden. (Buchtipps und Kontaktadressen finden Sie im Anhang.)

Heilsteine

Schon in der Steinzeit wurden die heilenden Eigenschaften bestimmter Steine erkannt. Die zwölf Grundsteine wurden den zwölf Tierkreiszeichen zugeordnet. Auch Hildegard von Bingen und Konrad von Magdeburg haben sich im frühen Mittelalter mit den heilenden Kräften der Steine befasst und ihre Erfahrungen überliefert. Durch zunehmende Umweltbelastung und neue Krankheitsformen besinnen sich heute wieder viele Menschen zur alternativen chemiearmen Medizin und zu natürlichen Heilmitteln.

Heil- und Glückssteine der Fische: Alabaster, Amethyst, Edelopal, Jade und Türkis.

Edelsteine sind nicht nur bei Krankheiten hilfreich, sondern sie besitzen starke vorbeugende Eigenschaften, und das ganz ohne Nebenwirkungen. Natürlich ersetzen all die genannten Hilfs- und Heilmittel keinen Arzt und vor allem keine medizinische Diagnose. Bei akuten Erkrankungen sollten Sie immer Ihren Hausarzt aufsuchen!

Astrologisch werden dem Fische-Menschen folgende Heilsteine zugeordnet: *Alabaster, heller Amethyst, Apophyllith, Chrysopras, Edelopal, Jade, Nephrit (Aktinolith), Türkis* und *Wismut!* Diese Heilsteine sind auch Fische-Glückssteine!

Amethyst

Er wirkt beruhigend auf Herz und Nerven und verbessert die Konzentrationsfähigkeit. Er hilft gegen Migräne und Stress; unter das Kopfkissen gelegt, sorgt er für einen ruhigen Schlaf und bewahrt vor Albträumen. Der Amethyst aktiviert aber auch das Hautbindegewebe, wodurch die Haut resistenter gegen Erkrankungen wird und Feuchtigkeit besser speichern kann. Warme Amethystbäder unterstützen die Hautatmung und sind bei der Reinigung des Körpers hilfreich.

Der Phantom-Amethyst hat sehr beruhigende Wirkung auf die Herzmuskulatur und stabilisiert den Blutdruck. Eine Amethystdruse (oder als Kugel in der Wohnung aufgestellt) sieht nicht nur schön aus, sondern hält auch negative Erdstrahlen fern. Diese Drusen stärken durch ihre Ausstrahlung die Harmonie, das Zusammengehörigkeitsgefühl und die Geborgenheit.

Psychisch gesehen regt der Amethyst Ihre Fantasie an und kräftigt Ihre Freundschaften. Er hilft auch bei Lernschwierigkeiten und Prüfungsangst – vor allem als Kette oder Anhänger um den Hals getragen!

Farbe: Violett.

Der Amethyst regt Ihre Fantasie an.

Edelopal

Der Edelopal entfaltet seine starken Kräfte besonders auf den Magen und das Verdauungssystem. Die Drüsen in der Magenschleimhaut werden aktiviert, die Verdauung und der Stoffwechsel werden angeregt. Der Edelopal reguliert zusätzlich den Gehalt des Blutes an weißen und roten Blutkörperchen (Anämie, Leukämie), und so werden auch Knochenmark, Milz, Leber und Lymphknoten gekräftigt.

Psychisch gesehen vertreibt der Edelopal Depressionen und hilft, die wahre Liebe zu finden. Opale sind Balsam für Ihre Seele und schenken Ihnen ein harmonisches Gefühlsleben. Sie stärken Ihre Meinungsbildung und Ihre Selbstverwirklichung!

Farbe: Durchsichtig-Farblos, Weiß, Blau und Schwarz mit den für die Opale so typischen Farben des Regenbogens.

Jade

Die Jade ist ein sehr sanft schwingender Heilstein. Sie kann die Nieren vor Leiden, Koliken und Nierensteinen bewahren. Doch sie dringt auch zur Milz, zur Leber und in den Darmtrakt vor. Als Kette getragen, löst sie Verunreinigungen und Ablagerun-

gen aus Leber und Nieren und schwemmt die Giftstoffe heraus. So stärkt sie das gesamte Immunsystem und regelt den körperlichen und geistigen Stoffwechsel. Sie hilft bei zu hohem Blutdruck und bewahrt vor schmerzhaften Wehen und Fehlgeburten. Bei Kindern beugt sie Erkrankungen an Schilddrüse und Kehlkopf vor. Das Jade-Heilsteinwasser lindert Lebensmittel-, Pilz- und Salmonellenvergiftungen, aber auch Magenverstimmung, Übelkeit und Brechreiz.
Psychisch gesehen stärkt die Jade Tugenden wie Gerechtigkeit, Barmherzigkeit und schenkt Ihnen mehr Freude und Lebenslust. Als Stein der Liebe, des inneren Friedens und der Harmonie schenkt Ihnen die Jade mehr Ausgeglichenheit!
Farbe: Hellgrün bis Dunkelgrün.

Der Edelopal hilft Ihnen auf der Suche nach dem oder der Richtigen.

Türkis
Durch Auflegen kräftigt der Türkis die Drüsen und den Blutkreislauf. Er versorgt Muskeln und Nerven mit den wichtigen Nährstoffen und hält so Nervenfasern und Muskelgewebe geschmeidig. Bänder- und Sehnenrisse können durch Türkiswasser und -ketten schneller verheilen. Aber auch bei Halserkrankungen, Entzündungen der Atemwege, Bronchien und Lungen kann er hilfreich eingesetzt werden. Auch bei psychosomatischen Erkrankungen (Magersucht, Fresssucht, Neurosen, Erröten, Schreikrämpfe, Schweißausbrüche) hat er sich bewährt. Das Türkiswasser hat kräftige Heilwirkung auf das Gebiss, die Zähne und das Zahnfleisch.
Psychisch gesehen hilft er bei der Argumentation und der Meinungsbildung. Zurückhaltende Menschen finden durch ihn zu mehr Selbstvertrauen. Er ist ein Schutzstein vor Unfällen und vermittelt mehr Tatkraft, Schaffenskraft sowie beruflichen und privaten Erfolg.
Farbe: Türkisblau, Himmelblau und Undurchsichtig.

Heilsteinessenzen können gerade für Sie als Wasserzeichen sehr wirksam sein. Die Einnahme der Essenzen hat keine Nebenwirkungen, sondern soll eine seelische Wandlung und inneres Gleichgewicht erreichen und auf sanfte Weise mit der Zeit seelisch-psychische Blockaden auflösen. Wenn Sie sich dafür interessieren, wenden Sie sich an die Firma Methusalem. (Die Adresse finden Sie im Anhang unter »Heilsteine«.)

Pflege der Heilsteine

Fische reagieren besonders gut auf Heilsteinessenzen.

Heilsteine, die ständig in Gebrauch sind, sollten mindestens einmal monatlich entladen und neu aufgeladen (gereinigt) werden. Die meisten Heilsteine sind als Trommelstein, Handschmeichler, Rohstein, Donut, Anhänger, Kette oder Pyramide erhältlich. Zum Entladen genügt eine Hand voll Hämatit-Trommelsteine, in die Sie die Heilsteine über Nacht legen.

Aufladen können Sie die Heilsteine am besten in einer Schale mit Bergkristall-Trommelsteinen oder in einer Bergkristallgruppe, die – in der Wohnung aufgestellt – zudem äußerst dekorativ aussieht. Trommelsteine sind einfach zu pflegen: Sie werden über Nacht in Erde vergraben (in Blumentöpfe, Pflanztröge oder im Garten), am nächsten Tag kurz unter lauwarmem Wasser abgespült und vormittags in der Sonne (nie in der heißen Mittagssonne) aufgeladen. Selbst wenn es bewölkt, bedeckt oder regnerisch ist, legen Sie die Heilsteine ein bis zwei Stunden an geschützter Stelle an die frische Luft. (Ein Fensterbrett kann dafür schon genügen.)

Homöopathie

Vor ca. 200 Jahren wurde die Homöopathie als die Kunst des naturgesetzmäßigen Heilens von dem Meißener Arzt Samuel Hahnemann begründet. Diese Heilkunst funktioniert nach dem Grundsatz »Ähnliches wird durch Ähnliches geheilt«.

Hahnemann erkannte, dass Krankheit nichts anderes ist als die Verstimmung des »Lebenskräftewaltens«. Etwas, das unserem Bewusstsein fehlt (»Was fehlt Ihnen denn?«), wird durch ein Krankheitszeichen zum Ausdruck gebracht. Diese fehlende Information kann uns die Homöopathie wieder geben. Da Ähnliches mit Ähnlichem und nicht Gleiches mit Gleichem geheilt wird, muss die Information, die ein Heilmittel in sich trägt, für den Patienten verfeinert werden. Hoch aufbereitet, kann das Heilmittel Licht ins Dunkel bringen. Die fehlende Information wird im Bewusstsein aufgenommen und der in die Körperlichkeit gefallene Bereich wird auf eine höhere Ebene transformiert.

Der Grundsatz der Homöopathie lautet: Ähnliches mit Ähnlichem heilen.

Homöopathika wirken trotz ihrer hohen Verdünnung im zellmolekularen Bereich, denn sie können in unser menschliches Zentralnervensystem eintreten, ohne anklopfen zu müssen.

Die nachfolgende grobe Zuteilung ersetzt auf keinen Fall die Anamnese durch einen geschulten Homöopathen. Nur in einem langen Anamnesegespräch kann dieser Therapeut das für Sie zurzeit richtige Konstitutionsmittel herausfinden!

Wenn Sie sich eine homöopathische Hausapotheke zulegen wollen, sollten Sie sich geeignete Fachbücher holen und dabei anfangs mit niedrigeren Potenzen arbeiten.

Homöopathische Mittel, die astromedizinisch dem Fische-Menschen zugeordnet sind: *China, Colchicum, Conium, Helleborus, Jodum, Kalium bichromicum, Kalium phosphori-*

cum, *Lachesis, Opium, Sepia, Tuberculinum* und *Baccillinum Nosode.*

China
Der Chinarindenbaum ist ein immergrüner Busch, der in Java, Ostindien, Mittel- und Südamerika beheimatet ist. Seine Rinde enthält auch Chinin. Das Homöopathikum wird aus der getrockneten Zweigrinde hergestellt. Menschen mit künstlerischer oder poetischer Ader reagieren sehr gut auf China. Das Mittel kann bei Apathie helfen, bei Konzentrationsmangel und bei emotionaler Unausgeglichenheit, bei Überempfindlichkeit, nervöser Erschöpfung und bei der Unfähigkeit, Gefühle offen und ehrlich auszudrücken.

Körperlich hilft es oft bei Kopfweh, das bei Druck auf die schmerzende Stelle besser wird, bei Neuralgie, Schwindel, Krampfanfällen, Nasenbluten, Tinnitus, schwachen und zittrigen Muskeln, Fieber mit Frösteln und Schweiß. Oft zeigen diese Menschen eine bleiche, gelbliche Gesichtsfarbe, eine sehr empfindliche Haut oder geschwollene Knöchelchen. Aversion gegen Butter und fette Speisen, Verlangen nach Alkohol. Beschwerden sind nachts oder im Herbst meistens schlimmer!

Folgende homöopathische Mittel werden den Fischen zugeordnet: China, Lachesis, Sepia.

Lachesis
Das Homöopathikum wird aus dem Gift der Viper hergestellt, die auch Buschmeister genannt wird. Das Mittel wirkt besonders gut bei Menschen, die sehr erregbar und zittrig sind, ein bisschen aufgedunsen wirken und deren Nerven ein Ventil oder Beruhigung bräuchten; viele von ihnen sind zudem rothaarig und sommersprossig.

Seelisch-geistig hilft Lachesis bei übergroßem Redebedürfnis, Nervosität, Rastlosigkeit, Reizbarkeit, Neigung zu Misstrauen,

gelegentlicher Depression, Eifersucht, mürrischem Verhalten (Morgenmuffel).
Körperlich lindert es Kopfschmerzen, die durch helles Licht, heiße Sonne oder durch die Menstruation schlimmer werden. Auch bei Ohnmachtsanfällen, verschwollenem, rot angelaufenem Gesicht und dem Tick, sich ständig mit der Zunge über die Lippen zu fahren, hat es sich oft bewährt. Bei Schmerzen in der linken Halsseite oder linksseitigen Ohrenschmerzen, bei verengter Kehle, bei Lungenentzündung mit allgemeiner Schwäche, schwachem Herzen, Schweißausbrüchen und Schüttelfrost (das sich durch Essen bessert, durch Schlafen verschlimmert), bei Angina und Atemschwierigkeiten, bei Hitzewallungen in den Wechseljahren hat es ebenfalls gute Wirkung gezeigt. Oft besteht eine Gier nach Austern, Kaffee und Alkohol!

Ihr Geburtshoroskop zeigt körperliche Schwachstellen und das passende Mittel auf.

Sepia

Das Heilmittel wird aus dem getrockneten Inhalt des Tintenbeutels von Tintenfischen hergestellt. Der Konstitutionstyp für Sepia sind Personen, die oft hoch gewachsen, mager und schmalhüftig sind, weiche Gesichtszüge, dunkles Haar, braune Augen, Schatten unter den Augen und eine teigige Hautfarbe haben. Auch Frauen in den Wechseljahren reagieren gut auf dieses Homöopathikum.
Das Mittel hilft seelisch-geistig bei Gleichgültigkeit, Reizbarkeit (man ist der Familie gegenüber kurz angebunden, zu Fremden jedoch freundlich); man ist unfähig, die eigenen Gedanken für sich zu behalten, will jedoch gleichzeitig in einem Mauseloch verschwinden. Oft ist die Angst vorhanden, dass gleich etwas Furchtbares passieren wird.
Körperlich hilft Sepia bei Kopfschmerzen mit Übelkeit (abends), bei Schwindel (als rolle ein Ball im Kopf herum), bei

Haarausfall, extremer Geruchsempfindlichkeit, häufigem Schnupfen, einer empfindlichen Kehle, bei blassen Lippen, belegter Zunge und saurem Geschmack im Mund. Auch bei Bettnässen in den ersten Schlafstadien, bei Schmerzen im Rücken, die durch Druck und Gymnastik gelindert werden, unerträglich juckender Haut, bei Blähungen und Druckempfindlichkeit des Unterleibs, die beim Liegen auf der rechten Seite nachlassen, bei großer Erschöpfung nach dem Sexualverkehr, Schmerzen beim Geschlechtsverkehr und Aversion gegen Sex und Körperkontakt hat sich Lachesis gut bewährt. Oft ist ein Bedürfnis nach scharf gewürzten Speisen vorhanden, nach Wein und Essigsaurem.

Die Grundanamnese und ein offenes Gespräch sind unerlässlich.

Wie erhalte ich die richtigen homöopathischen Mittel?

Auf keinen Fall ist hier eine Selbstmedikation empfehlenswert. Homöopathie ist ein umfangreiches Wissensgebiet, das viele Jahre Studium erfordert. Sie sollten sich deshalb nur an einen Homöopathen Ihres Vertrauens wenden. Am besten ist die Empfehlung durch eine bekannte Person; ansonsten suchen Sie im Branchenverzeichnis und hören, ob Ihnen die Stimme des Therapeuten schon am Telefon sympathisch erscheint.

Die Grundanamnese erfordert einige Stunden Zeit und ein offenes Gespräch. Wie der Schlüssel ins Schloss, so muss auch in der Homöopathie jede Arznei zur Krankheit und zum kranken Menschen passen. Das ist eine schwierige Aufgabe. Hat der Therapeut jedoch das Mittel der Wahl für seinen Patienten gefunden, so ist ganzheitliche Heilung möglich. (Buchtipps und Kontaktadressen finden Sie im Anhang.)

Indianerritual zum Aufladen der Wasserenergie

Diese indianischen Übungen zum Aufladen von Energie sind von dem Apache-Schamanen Eagle Bear empfohlen worden. Wenn Sie an ein fließendes Gewässer kommen, sollten Sie kurz meditieren, indem Sie sich alle negativen Gefühle und Erlebnisse in Erinnerung rufen, die Sie belasten. Dann lassen Sie diese Störungen einfach in das vor Ihnen fließende Wasser abgleiten. Aber auch für zu Hause gibt es gute Möglichkeiten zur inneren Reinigung:

Fließende Gewässer laden zur Meditation ein.

1. Atmen Sie, wenn Sie unter die Dusche gehen, viermal tief ein und aus (zählen Sie dabei innerlich jedes Mal bis vier). Atmen Sie ganz bewusst Energie und Frische ein und stellen Sie sich beim Ausatmen vor, dass jetzt alles von Ihnen abfließt, was Ihnen durch den Kopf geht.
2. Sobald Sie die ersten Wassertropfen auf der Haut spüren, danken Sie dem Wasserelement dafür, dass es ständig für Sie da ist, Sie mit Trinkwasser versorgt, die Pflanzen nährt, die Sie zum Essen brauchen, und dass es Ihnen ermöglicht, sich zu reinigen. Fühlen Sie den Dank gegenüber Großmutters Wasser, wie die Indianer diese Energie nennen.
3. Drehen Sie das Wasser ab (es soll nicht verschwendet werden) und denken Sie dann, während Sie sich einseifen, dass Ihr Körper von allen negativen Energien, die Sie bedrücken, behindern oder lähmen, frei wird.
4. Drehen Sie jetzt das Wasser wieder auf und lassen Sie mit dem Wasserstrahl alles Negative aus sich herausschwemmen. Spüren Sie, wie das Wasser Sie von allen negativen Gefühlen, Erlebnissen und Eindrücken befreit. Danken Sie dem Wasserelement.

Kräuterbaden

Als Wasserzeichen brauchen Sie sehr viel Kontakt mit dem wässrigen Element, um Ihre Energien immer wieder aufzuladen. Und was gibt es Schöneres für Fische, als in der warmen Badewanne vor sich hin zu träumen?

Probieren Sie es einmal mit einem wohltuenden Kräuterbad.

Sebastian Kneipp, dem »Wasserdoktor«, verdanken wir auch die besonders wohltuenden Kräuterbäder. Je nachdem, welche Kräuter dem Bad zugesetzt werden, wirken diese anregend, belebend oder beruhigend und schlafförsernd. Sie verbessern die Durchblutung, pflegen die Haut und beugen drohenden und akuten Infektionskrankheiten vor im Sinne einer Abhärtung.

Die ätherischen Öle der Kräuter werden beim Baden über die Haut vom Körper aufgenommen, weil sie lipidlöslich sind. Zusätzlich werden die Duftstoffe vom Badenden inhaliert. Für Sie als Fische-Persönlichkeit ist dies die natürlichste Heilmethode, denn Baden hebt auch Ihre psychische Stimmung, die zu jeder Heilung positiv beiträgt.

Lymphdrainage

Aus astromedizinischer Sicht werden den Fische-Menschen nicht nur die Füße, sondern auch das Lymphsystem zugeordnet. Diese Flüssigkeit befindet sich im ganzen Körper; die Lymphgefäße münden in den Lymphknoten, die wie Kläranlagen wirken und der Abwehr von Entzündungen dienen. Die Lymphozyten können Fremdstoffe, Viren, Bazillen und Bakterien vernichten oder wenigstens am Weiterwachsen hindern.

Fische haben ein sensibles Abwehrsystem.

Als Fische-Persönlichkeit besitzen Sie ein besonders sensibles Abwehrsystem. Deshalb besteht bei Ihnen eine Anfälligkeit für Allergien, doch auch eine allgemeine Abwehrschwäche könnte Ihr Problembereich sein (siehe Abschnitt »Abwehrkräfte mobilisieren«).

Die Lymphdrainage wird von Ärzten, Heilpraktikern und ausgebildeten Masseuren praktiziert. Dabei wird die ödematös aufgeschwemmte oder gestaute Lymphflüssigkeit wieder gleichmäßig im Körper verteilt. Diese Methode empfiehlt sich vor allem bei Lymphstauungen und nach Operationen und wird dann auch vom Arzt auf Rezept verschrieben und in einer physikalischen Praxis durchgeführt. (Eine Kontaktadresse finden Sie im Anhang.)

Meditation und fünf Tibeter

Ihr Unterbewusstsein arbeitet besser und schneller, als je ein von Menschenhand gebauter Computer es könnte. Diese Energiequelle können Sie für Ihre Heilung anzapfen. Viele Wege sind möglich: Sie können beispielsweise heilende Imaginationen und Suggestionen oder auch Heilmeditationen ausüben.

Regelmäßiges Meditieren bringt Sie Ihrem Inneren näher.

Die Meditation diente immer spirituellen Zielen, wird jedoch heute zunehmend von Medizinern und Psychologen als Heilmittel eingesetzt, als Antistressmittel und zur Anregung der Selbstheilungskräfte und der Selbstentfaltung. Inzwischen ist erwiesen, dass wir in der Meditation viel weniger Sauerstoff verbrauchen, Atmung und Herzschlag verlangsamt werden, Hirn, Muskeln und Haut stärker durchblutet werden und das EEG Alphawellen (Gehirn im Wachzustand) meldet, die sich mit Thetawellen (Gehirn im Schlafzustand) synchronisieren.

Meditation ist der Zustand, in dem wir Abstand vom Fluss unserer Gedanken finden und alle sinnlichen Wahrnehmungen ausgeschaltet haben, um reines Bewusstsein zu erreichen. Die alten vedischen Texte Indiens behaupten, dass der Mensch nur auf der Meditationsebene sich selbst bewusst werden kann. Meditation ist aber auch der Schlüssel zu einem langen, gesunden und ganzheitlichen Leben.

Die positive Wirkung regelmäßiger Meditation führt dazu, dass wir in unserer Wahrnehmung wacher werden, dass wir weniger Angst verspüren, dass wir uns in einem besseren Licht sehen und dass wir verantwortungsbewusster werden. Meditation ist »das Aufsteigen zu höherem Bewusstsein durch Versenken in einen Prozess der Verinnerlichung«.

Heilmeditation wirkt sehr positiv bei psychosomatischen

Erkrankungen, bei psychischen Störungen, neurotischen Fehlentwicklungen, in Lebenskrisen, bei Asthma, hohem Blutdruck, Herzbeschwerden, Magen-Darm-Erkrankungen und Schlafstörungen. Eine Übung:

Setzen Sie sich in einem ruhigen, leicht abgedunkelten Raum bequem hin (eventuell im Lotussitz). Zünden Sie in zwei Meter Entfernung eine Kerze an. Wenn Sie wollen, können sie noch Duftöle in die Aromalampe geben oder Räucherstäbchen abbrennen. Stellen Sie das Telefon ab. Atmen Sie tief und ruhig ein und aus und sprechen Sie im Rhythmus Ihrer Atmung die Silbe OM. Versuchen Sie, Ihre Gedanken abzustellen, doch nicht zwanghaft. Kehren Sie einfach immer wieder zur Ihrer gleichmäßigen Atmung, zu Ruhe, Konzentration und zum OM zurück. Die Klangschwingung der heiligen Silbe OM besitzt eine göttliche Kraft. Sprechen Sie nach einer Weile das Mantra OM nicht mehr laut aus, sondern nur noch in Ihrem Geist. Langsam und gleichmäßig wie Ihr Atem: OOOMM … OOOMM …
Meditieren Sie auf diese Weise etwa 20 Minuten. Gleich morgens oder abends wäre die beste Zeit dazu.

Schaffen Sie sich eine Atmosphäre, die Konzentration zulässt.

Verbinden Sie doch einige Meditationen mit den Übungen der *fünf Tibeter*:

- ◆ Bei der ersten Übung stehen Sie aufrecht mit ausgebreiteten Händen und drehen sich sanft hin und her. Am Schluss falten Sie die Hände zusammen und schauen auf Ihren Daumen.
- ◆ Zur zweiten Übung legen Sie sich ausgestreckt rücklings auf den Boden. Dann heben Sie den Rücken samt Kopf nach oben und strecken die Beine in Richtung Zimmerdecke (eventuell die Hände unter den Po, Knie zeitweise angewinkelt).
- ◆ Für die dritte Übung knien Sie aufrecht und beugen sich dabei behutsam nach hinten. Stellen Sie die Zehen dabei gerade.

- Als vierte Übung bauen Sie eine »Brücke«, d. h., Unterschenkel und Arme stützen das Gewicht Ihres Körpers. Erst den Nacken strecken, dann das Kinn zur Brust.
- Bei der fünften Übung machen Sie ein Dreieck. Erst liegen Sie auf dem Bauch, dann ziehen Sie das Becken hoch, sodass der Po ganz oben ist. Die Beine stehen schräg und die Arme stützen ebenfalls das Gewicht (auf rutschfeste Unterlage achten!).

Tiefe Atmung ist hier wichtig; führen Sie jede Übung anfangs nur dreimal aus. Denken Sie daran: Vor den Erfolg haben die Götter die Achtsamkeit gesetzt! (Einen Buchtipp finden Sie im Anhang unter »Fitness«.)

Vor den Erfolg haben die Götter die Achtsamkeit gesetzt.

Orthomolekulare Therapie

Die Orthomolekulare Medizin (= Medizin der richtigen Moleküle) geht auf den Biochemiker und »Vitamin-C-Papst« Linus Pauling (1901–1994) zurück. Sie bewirkt die Erhaltung guter Gesundheit und behandelt Krankheiten durch Veränderung der Konzentration von Substanzen im menschlichen Körper. Sie basiert auf folgenden Punkten:

Der Mensch braucht ca. 45 lebensnotwendige Nährstoffe.

- Kenntnis der biochemischen Wirkung unserer Nahrung, von Umwelteinflüssen, körperfremden Substanzen sowie von so genannten Stresssituationen auf das Gleichgewicht des Mineralstoff-, Spurenelement-, Aminosäure-, Fettsäure- und Vitaminstoffwechsels.
- Deckung des Nährstoffbedarfs mittels gezielter Ernährung und Gabe von Nährstoffsupplementen. Die darin enthaltenen Mineralstoffe, Spurenelemente, Vitamine, Amino- und Fettsäuren sowie Enzyme werden zur Nahrungsergänzung oder zur Korrektur von Nährstoffungleichgewichten (z. B. bei Mangelzuständen oder erhöhten Werten) eingesetzt.

Es ist wissenschaftlich längst erwiesen, dass kein Mensch in einer so perfekten Umwelt lebt, dass für ihn alle 45 lebensnotwendigen Nährstoffe in der richtigen Menge und im richtigen Verhältnis im Organismus vorhanden sind. Den Mangel an Nährstoffen kann man im Blutserum, im Vollblut, im Urin oder Haar nachweisen. Chronische Erkrankungen entstehen oft durch eine übermäßige Bildung freier Radikale. Hier können Antioxidanzien (Vitamin A, E und C) die aggressiven Moleküle unschädlich machen. Enzyme helfen ebenfalls bei akuten und chronischen Entzündungen. Hier nun ein paar Beispiele für Nährstoffsupplemente und ihre Anwendungsgebiete.

- *Omega-6-Fettsäuren:* Acne vulgaris, Allergien, Alkoholismus, atopische Ekzeme, prämenstruelles Syndrom, Hypertonie, erhöhte Cholesterin- und Triglyceridwerte, Diabetes, Entzündungen, Anfangsstadium der multiplen Sklerose, Übergewicht oder Schizophrenie.
- *Magnesium:* Alkoholismus, epileptische Anfälle, Hypotonie, Hyperaktivität, Depressionen, Muskelkrämpfe, Muskelschmerzen, Muskelzittern, Nervosität, Stress, Schlaflosigkeit, Verwirrtheit und Tachykardie (Herzjagen).
- *Vitamin B_6:* Depressionen, Glossitis, fette Haut, Hyperaktivität, Irritierbarkeit, Nervosität, Akne, Haarausfall, Anämie, Arthritis, Konjunktivitis, prämenstruelles Syndrom, Müdigkeit, schlechte Wundheilung, Krampfanfälligkeit (Epilepsie), Stomatitis und mangelnde Traumerinnerung.
- *Vitamin C:* Fast jeder Körper weist zu wenig Vitamin C auf. Es hilft sehr gut bei Infektionen aller Art, Zahnfleischbluten, Zahnverlust, Parodontose, Müdigkeit, gestörter Wundheilung, Depression, rheumatischen Erkrankungen, Vitamin-C-Mangel durch Rauchen und Verstopfung.
- *Zink:* Akne, Anämien, Ekzeme, Wundheilungsstörungen, Verbrennungen, Psoriasis, Haarausfall, Infektionsanfälligkeit, Diabetes mellitus, Prostataerkrankungen, Wachstums- und Fertilitätsstörung, Impotenz, Gewichtsregulierung (Fettleibigkeit), weiße Flecken auf den Fingernägeln, Geruchs- und Geschmacksverminderung, Arthritiden, Alkoholismus, zu hoher Kupferspiegel durch Östrogen, Pille, Spirale; bestimmte Psychosen und Hyperaktivität.

Hier ein paar Beispiele für Nährstoffsupplemente.

Wie bekomme ich die Nährstoffsupplemente?

Sie können sich selbst mittels geeigneter Fachlektüre informieren, welche der Nährstoffe für Sie speziell günstig sind laut persönlichem Krankheitsbild. Apotheken führen ein reichhaltiges Angebot, aber auch Reformhäuser bieten Nährstoffsupplemente an. Achten Sie darauf, dass Sie Nährstoffe kaufen, die aus natürlichen Substanzen hergestellt wurden, auch wenn diese etwas teurer sind.

Nährstoffergänzung bei alkoholbedingten Schäden
Täglich ein Antioxidantiensupplement mit den Vitaminen A, C, E, Zink und Selen; täglich 25–75 mg Thiamin (Vitamin B_1), denn ein Mangel führt zu Gedächtnisstörungen, Stimmungsschwankungen, Ängsten und Aggressionen; täglich 1–2 g Vitamin C, zusätzlich ein hochdosierter Vitamin-B-Komplex, 400 mg Magnesium, 40 mg Zink und Carnitin.

Wählen Sie Nährstoffe, die aus natürlichen Substanzen hergestellt wurden.

Nährstoffergänzung beim prämenstruellen Syndrom (PMS)
Täglich 50–100 mg Vitamin B_6, denn es verringert die Beschwerden des PMS und verhindert in Verbindung mit Magnesium die Ansammlung von Wasser im Körper; pro Tag 400 mg Vitamin E, ein Multimineralpräparat, das mindestens 10 mg Zink, 5 mg Mangan und Chrom enthält; 800–1000 mg Kalzium, da es ebenfalls die Ansammlung von Gewebsflüssigkeit vermindert, die Stimmung hebt und Spannungen abbaut. Täglich 400 mg Magnesium, denn ein Mangel an diesem Mineralstoff verschlimmert die Symptome. Magnesium beruhigt, lindert die Schmerzen in den Brüsten hilft gegen die monatliche Gewichtszunahme. Schließlich sei noch Gamma-Linolensäure (GLS) in Form von Nachtkerzenöl (EPO) zu empfehlen, täglich vier bis acht Kapseln vermindern ebenfalls alle PMS-Symptome.

DIE FISCHE

Power-(Buddha-)Armbänder

Viele Prominente (Richard Gere, Madonna und viele andere) tragen mit Begeisterung schon längere Zeit diese Power- oder Buddha-Armbänder und schwören auf deren positive, vor allem harmonisierende Wirkung. Diese Armbänder haben ihren Ursprung bei den tibetischen Malas (Gebetsketten). Power-Armbänder werden direkt am Handgelenk und somit in Pulsnähe getragen. Durch die Kraft der Steine können sie viel bewirken (siehe auch den Abschnitt über Heilsteine). Traditionell werden folgende Heilsteine bei Power-Armbändern verwendet:

Power-Armbänder haben ihren Ursprung in Tibet.

- *Amethyst* gegen Depressionen, fördert Intelligenz
- *Aventurin* für Erfolg und Karriere
- *Bergkristall* für Heilkraft und mehr Stärke
- *Calcedon* für mehr Entspannung
- *Dalmatinerjaspis* für mehr Temperament
- *Falkenauge* gegen Auswegslosigkeit
- *Fluorit* für mehr Mut und Glauben
- *Goldfluss* für mehr Gelassenheit
- *Hämatit* gegen Einsamkeit und für mehr Willenskraft
- *Howlith* (weiß) für mehr Einfallsreichtum
- *Jade* (gelb) für mehr Energie
- *Jaspis* für mehr Harmonie
- *Karneol* für Abwehrkraft, Liebe und Mut
- *Malachit* für mehr Einfallsreichtum
- *Perlmutt* für Geldzuwachs
- *Rosenquarz* für mehr Liebe
- *Tigerauge* bei Ärger und für mehr Kreativität
- *Türkis* für mehr Geldzuwachs
- *Unakit* für mehr Überzeugungskraft

Gesundheitstipps

Die Farben der Heil- und Edelsteine verraten auch viel über ihre Wirkung:
- *Rot* bedeutet Lebenskraft und Energie. Diese Farbe aktiviert und vitalisiert, schenkt Wärme, Kraft und Mut.
- *Rosa* ist die Farbe der Sanftheit und Zärtlichkeit. Sie verbreitet Schönheit und Harmonie.
- *Orange* wirkt immer erneuernd und belebend. Sie weckt die Freude an sinnlichen Genüssen.
- *Gelb* vermittelt Leichtigkeit und Fröhlichkeit, fördert die mentale Aktivität und Kommunikation.
- *Gold* schenkt ein Gefühl der Fülle, Glanz und lichtvolle Wärme.
- *Grün* beruhigt, harmonisiert und fördert die Regeneration.
- *Hellblau* schenkt Inspiration und das Gefühl von innerer Freiheit.
- *Dunkelblau* gibt Ruhe und Konzentration.
- *Violett* ist die Farbe der Transformation, der Spiritualität und Meditation und ist besonders günstig für alle Fische-Menschen, die sich spirituell weiterentwickeln wollen.
- *Weiß* symbolisiert Reinheit und Vollkommenheit.
- *Braun* vermittelt das Gefühl der Verwurzelung und schenkt Standfestigkeit.
- *Schwarz* öffnet den Blick nach innen, in die Tiefen der Seele.

Das Tragen mehrerer Armbänder gleichzeitig vermindert die Wirkung nicht.

Besonders praktisch: Sie können mehrere Armbänder gleichzeitig tragen. Power- oder Buddha-Armbänder gibt es in vielen Geschäften, aber auch in Esoterikläden. Wer kein Geschäft in der Nähe hat, sollte die im Anhang genannten Bezugsquellen nutzen!

Rituale und Hexenkunst

Denken Sie öfters: »Das schaffe ich ja doch nicht!« oder »Da trau ich mich lieber erst gar nicht ran!«? Macht nichts, als Fische-Persönlichkeit sind Sie einfach in manchen Dingen unsicher und ängstlich. Daraus lässt sich trotzdem etwas zaubern. Errichten Sie sich doch mal in Ihrer Wohnung einen kleinen »Kraftaltar«.

Errichten Sie in Ihrer Wohnung einen Kraftaltar.

Was stellen Sie sich unter Kraft vor? Welche Farbe symbolisiert dies für Sie? Für manche mag Rot dafür passend sein, für andere ein starkes Grün. Sie dürfen sich Ihre Kraftfarbe selbst aussuchen (nur bitte keine dunklen, traurigen Farbtöne!) und dazu Blumen und Kerzen in dieser Farbe auf Ihren Altar stellen. Welche Bilder oder Zeitungsausschnitte verkörpern Kraft für Sie? Auch diese kommen auf den Altar. Welcher Heilstein strömt für Sie am meisten Kraft aus? Auf den Altar damit. Welcher Duft weckt Ihre Sinne am besten? Geben Sie ihn in die Aromalampe. Stimuliert feurige Musik Ihre Energien? Wenn ja, dann legen Sie eine Diskette oder CD mit dieser Musik ein. Vielleicht noch ein Räucherstäbchen von Anna Riva für die Fische-Geborenen? Das macht Sie selbstbewusster, entscheidungsfreudiger, doch Sie lernen auch, Verantwortung für sich selbst zu übernehmen (siehe im Anhang »Amulette« oder »Pyramiden« als Bezugsquelle).

Vorher schreiben Sie noch bitte einen Wunschzettel, wie z. B.: »Ich werde morgen viel mutiger und energievoller sein!« Legen Sie diesen Zettel in eine Wunschpyramide oder unter die Kerzen auf Ihrem Altar. So, jetzt legen Sie die Musik auf und tanzen Sie wie wild dazu. Stellen Sie sich schon bildlich vor, was Sie morgen alles erledigen werden, wie Sie auftreten, welches Strahlen und welche Kraft von Ihnen ausgehen wird.

Wichtige Wünsche kann man »bestellen« – bei Fische-Menschen klappt es am besten zusammen mit einem Ritual in Verbindung mit Kerzenschein, mit Düften und allerlei Dingen, die symbolträchtig für den jeweiligen Wunsch stehen. Mehr Mut zum eigenen Ich kann Ihnen auf keinen Fall schaden. (Außer Sie hätten beim Nachbarn *Widder* noch ein paar Planeten, dann würde Ihr Ego fast platzen nach derlei Ritualen.)

Hexen waren schon immer die Stars unserer Fantasie, doch Sie werden kaum noch schrumplige Alte auf einem Besen um den Bocksberg fliegen sehen. Echte Hexen arbeiten mit magischen Ritualen und sollten ein paar Kenntnisse aus anderen Geisteswissenschaften besitzen (Astrologie, Magie, alternative Heilkünste, Traumdeutung, Chirologie, Tarot, Numerologie). Sie helfen Menschen in schwierigen Lebenssituationen (vor allem wenn sie mit weißer Magie und mit Naturheilkunde arbeiten).

Hexen arbeiten mit magischen Ritualen.

Gute Hexen erkennt man auch am Geburtshoroskop: Meist finden sich auffällige *Venus*- oder *Mond*-Aspekte oder Planeten im vierten, achten oder zwölften Haus (alternativ im *Krebs*, im *Skorpion* oder in *Fische*). Wer sich für gezielte Rituale interessiert (oder für eine Aktivierung des Charismas), kann meine Hilfe in Anspruch nehmen.

Auf jeden Fall sind Sie fast garantiert eine *Wasserenergie-Hexe* (außer viele Planeten stehen in Erd-, Luft- oder Wasserenergie-Häusern oder -Zeichen), und da rate ich Ihnen vor jedem Ritual zu einer Dusche oder einem entspannenden Vollbad. Verwenden Sie bei Ihren Ritualen auch immer Duftöle. Nebenbei können Sie auf Ihrem Altar sogar noch Getränke energetisch aufladen.

Wenn Sie wollen, können Sie auch die fantastischen ayurvedischen Räuchermischungen abbrennen oder Maui-Lani-Räucherstäbchen aus Hawaii. In jedem guten Esoterikladen fin-

Magische Rituale bringen Sie in Ihre Mitte.

den Sie eine große Auswahl davon. Gibt es keinen derartigen Laden in der Nähe Ihres Wohnorts, können Sie sich an die Firma Magic Discount wenden. (Die Adresse finden Sie hinten unter »Amulette«.) Falls Sie »kosmische Bestellungen« öfters trainieren wollen, dann besorgen Sie sich das kleine Buch von Bärbel Mohr »Bestellungen beim Universum« im Omega Verlag als Anleitung und üben fest weiter. Nur Mut, das schaffen Sie!

Selbstsuggestion

Fische-Menschen fehlt es meist an innerer Festigkeit. Deshalb benötigen Sie gewisse Rituale in ihrem Leben, die ihnen diese innere Festigkeit vermitteln. Ein sehr heilendes Ritual für alle Fische-Geborenen (auch für Menschen mit dem Aszendenten Fische oder Personen, die laut Geburtshoroskop einige Planeten in diesem Tierkreiszeichen haben), die unter seelischen oder körperlichen Störungen leiden, ist die Selbstsuggestion: »Es geht mir von Tag zu Tag besser.«

Schon vor 80 Jahren empfahl der wohl bedeutendste Suggestionstherapeut, der Apotheker Emil Coué aus Nancy, den Kranken, in suggestiver Manier folgenden Satz zu wiederholen:

Jeden Tag und in jeder Hinsicht geht es mir besser und besser!

Coué hatte an diesem einfachen Satz viele Jahre gefeilt, bis die Worte seiner Meinung nach die größte Heilkraft entfalteten. Der Erfolg war überwältigend. Zwanzig- bis dreißigmal am Tag sollten die Kranken diese Formel wiederholen, wie ein Gebet, ein Mantra, eine Zauberformel.

Dies entspricht auch dem Schrifttum der Brahmanen. Der Heilweg – so sagen diese – ist die immerwährende Wiederholung des Wortes OM. Die Schöpfung hat ihren Ursprung im Klang OM. Singen Sie dieses OM, so lange es geht, bis kein Atem mehr in Ihnen ist (siehe Abschnitt »Meditation und fünf Tibeter«).

Auf keinen Fall dürfen Sie bei der Selbstsuggestion Ihren Willen einschalten, denn der erreicht meist das Gegenteil Ihrer Anstrengungen, so Coué. Es heilt nicht der Willensakt, sondern immer nur die Macht der Vorstellung.

Folgende Suggestion ist sehr hilfreich: »Es geht mir von Tag zu Tag besser!«

Jede Suggestion (= Eingebung, Einflüsterung, Rat) verläuft in drei Schritten:
1. Sie stellen sich eine Veränderung vor.
2. Die Verwirklichung dieser Vorstellung geschieht, bleibt Ihnen aber vorerst verborgen.
3. Die Veränderung offenbart sich Ihnen, wird bewusst.

Nicht der Wille heilt, sondern die Macht der Vorstellung.

Ein Zeitgenosse Coués, der Suggestionsforscher Charles Baudouin, hat die Gesetze der Suggestion wie folgt formuliert:
1. *Das Gesetz der angespannten Aufmerksamkeit:* Um eine Suggestion zu bewirken, muss unser Gedanke Gegenstand einer alles andere ausschließenden konzentrierten Aufmerksamkeit sein.
2. *Das Gesetz der umgewandelten Anstrengung:* Wenn mein Gedanke eine Suggestion ausgelöst hat und ich versuche, bewusst dagegen anzukämpfen, so wird diese Suggestion sogar noch gefördert und gestärkt.
3. *Das Gesetz der Erregung:* Die meisten Aussichten auf suggestive Verwirklichung einer Vorstellung liegen vor, wenn eine emotionale Erregung dieses Bild begleitet.
4. *Das Gesetz des Beispiels:* Die Suggestion wird verstärkt, wenn Sie das Beispiel anderer vor Augen haben, bei denen die Suggestion wirkt.
5. *Das Gesetz der unbewussten Zielstrebigkeit:* Ein Bild, das ich suggeriere, ist »intelligent«. Es wirkt in mir zwar unbewusst, aber zielgerichtet, bis es Gestalt annimmt.

Das wäre doch ein prima Ritual, das Sie völlig kostenfrei täglich in Ihren Alltag mit einbauen können. Tun Sie es, lieber Fische-Mensch, dann geht es Ihnen von Tag zu Tag und in jeder Hinsicht immer besser und besser!

Spagyrische Heilweise

Alle fischebetonten Menschen sprechen sehr intensiv auf feinstoffliche Heilmethoden an. Hierzu zählen die Bach-Blüten, die Homöopathie und die Spagyrik. Die Spagyrik ist eine ganzheitliche Heilkunde für Mensch und Tier und ist untrennbar mit der Alchemie verbunden; die Alchemie ist wiederum untrennbar mit kosmologischem Wissen vereint (Astrosophie oder Kosmologie).

Hermes Trismegistos lebte im 2. bis 3. Jahrhundert in Ägypten. Von ihm stammt das älteste schriftliche Dokument über Spagyrik, die »Tabula smaragdina«.

Alexander von Bernus, der letzte Alchemist, schrieb über die spagyrische Bereitungsweise: »Die auf der Grundlage der jahrtausendealten alchemistischen Methoden aufgebaute kosmophysische Therapie der Spagyrik vermochte Außerordentliches. Ihre Heilerfolge grenzten ans Unglaubhafte. Diese unbedingte und einzig wahre Heilkunst ist nur einer vergeistigten, die kosmophysischen Zusammenhänge beurteilenden Naturerkenntnis möglich; sie beruht auf höchster, letztgültiger Realität.«

Das Wort »Spagyrik« bedeutet »trennen und verbinden«. Deshalb wird die Pflanze zuerst in ihre »Grundprinzipien« zerlegt; diese werden dann gereinigt und schließlich wieder alle einzelnen Bestandteile zum spagyrischen Heilmittel vereinigt. Die Arzneigrundstoffe kommen aus dem Mineral-, Pflanzen- und Tierreich. Hier einige Heilmittel der Firma Soluna:

Die Heilmittel kommen aus dem Mineral-, Pflanzen- und Tierreich.

- ◆ *Nr. 1 Alcangrol:* Stoffwechselerkrankungen, Geschwüre, Geschwülste
- ◆ *Nr. 2 Aquavit:* Tonikum zur Rekonvaleszenz, bei Schwächezuständen

Auf diese feinstoffliche Heilmethode sprechen Fische-Geborene sehr gut an.

- *Nr. 3 Azinat:* abwehrstärkend, bei Entzündungen, Fieber, Infektionen, Gelenkrheumatismus
- *Nr. 4 Cerebretik:* sedierend auf das Zentralnervensystem, bei Schlafstörungen
- *Nr. 5 Cordiak:* Herz- Kreislauf-Erkrankungen
- *Nr. 6 Dyscrasin N:* ausleitend über die Haut, zur Stoffwechselreinigung, bei Akne, Ekzemen, Skrofulose
- *Nr. 7 Epidemik:* immunstärkend, bei Infektionen, Fieber, Gelenkrheumatismus
- *Nr. 8 Hepatik:* Erkrankungen der Leber und Gallenblase, ausleitend
- *Nr. 9 Lymphatik:* Erkrankungen des Drüsensystems, ausleitend
- *Nr. 10 Matrigen I:* Frauenleiden, Dysmenorrhö, krampfhafte Regelblutung
- *Nr. 11 Matrigen II:* retardierend bei Frauenleiden, Ruhr
- *Nr. 12 Ophthalmik:* Augenerkrankungen
- *Nr. 14 Polypathik:* spasmolytisch, krampfhafte Zustände, seelisch-geistige Verspannungen
- *Nr. 15 Pulmonik N:* Erkrankungen der Atemwege, Lungenentzündung, Bronchialasthma
- *Nr. 16 Renalin:* Erkrankungen des Nieren- und Blasensystems, ausleitend
- *Nr. 17 Sanguisol:* Herzschwäche; für Muskeln, Nerven, Augen; bei Depressionen, niedrigem Blutdruck, Appetitlosigkeit
- *Nr. 18 Splenetik:* Immunstärkung durch Unterstützung der Milz; bei Blasen- und Nierensteinen, Gicht; schleimlösend, ausleitend
- *Nr. 19 Stomachik I:* akute, nichtentzündliche Magen-Darm-Störungen, Meteorismus, Roemheld-Syndrom

- *Nr. 20 Stomachik II:* chronische, entzündliche Magen-Darm-Störungen
- *Nr. 21 Styptik N:* bei akuten Beschwerden, Durchfall, Ruhr, Blutungen; festigend, adstringierend, blutstillend
- *Nr. 22 Strumatik I:* Drüsensystem, Schilddrüse, Spezialmittel gegen Kropf
- *Nr. 23 Strumatik II:* Drüsensystem, Spezialmittel gegen Kropf
- *Nr. 24 Ulcussan A:* akuter und chronischer Magen-Darm-Katarrh

Bestellen Sie die Präparate in der Apotheke.

Es gibt auch noch Azinat- und Alcangrolsalbe sowie Azinatöl I und II.

Hier noch einige Heilmittelempfehlungen:
- *Allergien:* Azinat – Pulmonik N – Renalin – Azinatöl II
- *Neurodermitis:* Lymphatik N – Dyscrasin N – Renalin – Cerebretik
- *Obstipation:* Stomachik I – Hepatik
- *Psoriasis:* Dyscrasin N – Hepatik
- *Weichteilrheuma:* Lymphatik N – Alcangrol – Hepatik – Renalin – Azinatöl II

Wie bekomme ich spagyrische Heilmittel?

Viele Heilpraktiker und Ärzte verordnen inzwischen spagyrische Heilmittel. Doch man kann die Präparate auch selbst in der Apotheke bestellen. Die Tropfen liegen trotz aufwändiger und liebevoller Zubereitung im angenehmen Preisniveau von knapp € 13,– pro Flasche.

Tarot

Kennen Sie schon die Tarotkarten? Ein schönes geistiges Hobby, das Sie leicht selbst erlernen und praktizieren können. Über den Ursprung des Tarots scheiden sich die Geister. Einige glauben, es habe sich aus den Schafgarbenstängeln des chinesischen *I Ging* entwickelt; andere meinen, sein Ursprung sei im Buch *Thot* zu finden. Wieder andere sagen, Tarot sei im alten Ägypten entstanden und im 14. Jahrhundert von den Zigeunern nach Europa gebracht worden.

Die Karten können neue Wege weisen.

Wie dem auch sei: Sie können die Tarotkarten einerseits zum Wahrsagen benutzen, doch Sie können sie auch, vor allem die *Großen Arkanen,* als Weg zur spirituellen Entwicklung für sich verwenden.

Nach astrologischer Überlieferung wird dem Fische-Geborenen die Karte *XII: Der Gehenkte* zugeordnet; nach kabbalistischer Überlieferung die Karte *XVII: Die Sterne/Der Stern.*

Das beste Tarotdeck, das ich allen Fische-Menschen empfehlen kann: *Intuitiver Tarot* (Bezugsquellen siehe Anhang).

Traumdeutung

Träume liefern bei fischebetonten Menschen meistens Zukunftsvisionen oder eine Botschaft der »inneren Stimme«. Für sie ist Traumdeutung deshalb enorm wichtig. Um die Seele dauerhaft gesund zu erhalten, ist es ganz wichtig, die nächtlichen Traumerlebnisse möglichst bald nach ihrem Auftreten zu deuten, damit sich kein innerer »Stau« bilden kann. Unser Seelenleben umfasst drei Bereiche: das *Ich* (unser Bewusstsein), das *Überich* (unser Gewissen) und das *Es* (unser Unbewusstes).

Träume sind Botschaften der Seele.

Wesentliche Impulse, die unser Denken, Fühlen und Handeln bestimmen, stammen aus dem unbewussten Bereich, in den wir alle Enttäuschungen, negativen Gefühle und schlechten Erfahrungen verdrängen. Unterdrückte Gefühle erzeugen jedoch Ängste, Vorurteile und Krankheiten oder bestimmen unbewusst Denken und Handeln. Wenn wir nichts über unser Unbewusstes wissen, dann werden wir keine Selbsterkenntnis erlangen. Und wer keine Selbsterkenntnis besitzt, wird ein wesentliches Grundbedürfnis niemals befriedigen können: die *Selbstverwirklichung*!

Eine tiefgreifende Wandlung in der Traumdeutung vollzog der Psychiater C. G. Jung (1875–1961), der über das Individuelle wieder ins Universelle (kollektive Unbewusste) vordrang. Er wies nach, dass in unseren Traumsymbolen uralte menschliche Seelenbilder (Archetypen) herrschen. Der Traum verrät nicht nur Botschaften und dient der Reinigung der Seele. Er kann uns sogar warnen, er will und kann Böses oder Negatives abwehren, auf kommende Ereignisse, Möglichkeiten oder Chancen hinweisen. Sie sollten sich auf jeden Fall ein gutes Traumdeutungslexikon zulegen (siehe Buchtipps im Anhang).

DIE FISCHE

Träumen Sie von *Fischen,* dann symbolisiert dieses im Wasser lebende Tier meist Ihre sexuellen Bedürfnisse oder Ihren Wunsch nach Kindern. Außerdem ist dieses Traumbild ein Aufruf, in Ihrem Unterbewusstsein nach mehr Selbsterkenntnis zu fischen. Sehen Sie im Traum mehrere Fische in einem klaren Wasser, dann sollten Sie Ihr Glück in der Lotterie versuchen. Fangen Sie im Traum Fische, dann wird eine vor kurzem begonnene Unternehmung erfolgreich verlaufen oder Sie werden einfach zu Geld kommen. Träumen Schwangere davon, Fisch zu essen, kündigt sich hierdurch eine leichte Geburt an. Sehen sich Männer im Traum beim Fischessen, werden sie Glück bei Frauen haben. Sehen oder fangen Sie nur kleine Fische im Traum, dann sind Sie zurzeit unzufrieden oder gar traurig. Ist der Fisch im Traum kalt oder glitschig, werden Sie von Schmeichlern buchstäblich »eingeseift« und für deren Zwecke benutzt. Sehen Sie eine Fischangel im Traum, dann zeigt dies Ihre guten Hoffnungen an und einen Gewinn. Werden Sie im Traum von einem Fisch verschlungen, leiden Sie unter tiefen seelischen Konflikten und Gefühlen der absoluten Hilflosigkeit!

Ein Tipp: Sie können das eigene Traumleben am besten wieder aktivieren, indem Sie eine grundsätzlich freudige Erwartungshaltung einnehmen. Sie dürfen gespannt sein, was Ihnen Ihre Seele alles mitzuteilen hat. Wer sich an seine Traumbilder nicht mehr erinnern kann, dem kann mit Vitamin B_6 geholfen werden. Und wer Bach-Blüten einnimmt, wird bald eine Aktivierung des Traumlebens bemerken. Legen Sie sich vorsichtshalber Stift und Papier auf das Nachtkästchen und notieren Sie gleich nach dem Traum einige Stichpunkte daraus. Sie werden sehen: Am nächsten Tag steigt die Erinnerung daran wieder ganz auf und Sie können sich mithilfe eines guten Traumlexikons an die Deutung machen!

Träume können wichtige Zukunftsvisionen enthalten.

Wasser mit heilender Energie

Fische-Menschen sind im wässrigen Element geboren. Deshalb ist Wasser in allen Formen für sie sehr wichtig. Doch es gibt lebendes und krankes Wasser, harmonisch schwingendes und disharmonisches, wissendes und unwissendes Wasser. Kirchen wurden z. B. sehr oft über oder neben heilendem und heiligem Wasser gebaut. Heilendes, rechtsdrehendes Wasser regt auch die Pflanzen zu größerem Wachstum an.

Trinken Sie täglich mindestens zwei Liter Wasser.

Unser menschlicher Körper besteht zum Großteil aus Wasser. Und ohne Wasser können wir nicht überleben. Aber es gibt große Unterschiede in der Qualität des Trinkwassers. Die meisten Menschen löschen Ihren Durst ohnehin nur selten an der Wasserleitung in der Küche, sondern trinken Mineralwasser. Doch auch hier ist das Angebot mehr als verwirrend. Im Laufe meines Lebens habe ich außer Plose, Volvic, Spa und dem Haderheckwasser noch zwei Wässer gefunden, die erstaunliche Heilwirkungen bei Dauergebrauch erzielt haben:

Das Bernadett-Hechtl-Sauerstoffwasser

Die Firma Herrnbräu hat ein Wasser im Handel, das mit rein natürlichem Sauerstoff versetzt wird. Auskunft über bundesweite Bezugsquellen in Ihrer Nähe (in Bayern meistens bei der Firma Orterer-Getränkehandel erhältlich) erteilt die Firma Herrnbräu Bürgerliches Brauhaus AG (Adresse siehe Anhang).

Das Grander-Wasser

Johann Grander entwickelte eine Technologie zur Wasserbelebung. Wasser hat eine besondere Kraft, die durch Umwelteinflüsse und den Transport in Druckleitungen verloren geht. Durch den Kontakt mit Grander-Informationswasser kann es

DIE FISCHE

Reines Wasser ist zur Entgiftung des Körpers unerlässlich.

die eigene Urkraft und Ordnung wieder aufbauen, sich regenerieren und sein Selbstreinigungsvermögen stärken. Das auf diese Weise belebte Wasser entwickelt Eigenschaften, die in der Natur selbst nur noch wenige Wässer aufweisen. Die Belebung erfolgt durch Geräte, die mit Informationswasser gefüllt sind und entweder in die Wasserleitung eingebaut oder direkt ins Wasser getaucht werden. (Auskunft über Bezugsquellen erhalten Sie im Anhang.)

Gesundheitstipps

Wohlfühltag(e)

Um Ihr körperlich-geistig-seelisches Gleichgewicht zu finden oder zu aktivieren, brauchen Sie alle vier Elemente: Sie sollten sich aktiv bewegen *(Feuer),* sich einige Zeit in frischer Luft aufhalten *(Luft),* auf natürlichem Boden – keinem Asphalt – gehen *(Erde)* und Sie sollten sich reinigen und entspannen *(Wasser).* Wenn Sie diese vier Elemente in Ihr Tagesprogramm mit einbauen können, stärken Sie Ihre körperliche, geistige und seelische Vitalität am besten.

Sie benötigen ein ausgewogenes Verhältnis aller vier Elemente, um ausgeglichen zu sein.

Auf der Suche nach einem »Wohlfühlprogramm« für ein paar Tage Ausspannen fand ich die Chiemgau-Thermen in Bad Endorf (ähnliche Heilbäder gibt es sicher auch in Ihrer Nähe). Die meisten Thermen sind heilsam bei allen orthopädischen Erkrankungen, beim rheumatischen Formenkreis, bei Herz-Kreislauf-Erkrankungen und bei Augenleiden.

Die Bad Endorfer Jod-Thermalsole kommt aus einer Tiefe von 4848 Metern (das ergibt zahlennumerologisch die äußerst günstige Zahl 24). Sie können vom frühen Morgen bis in die späten Abendstunden hinein schwimmen, saunen, sich im Freiluftbecken tummeln, die Kneipp-Tretanlage benutzen oder kostenlos an vielen Wassergymnastikangeboten teilnehmen.

Alternativ empfiehlt sich für Fische, die keine Zeit für Kur- oder Thermenurlaub haben, der Besuch eines städtischen Schwimmbades. Dort werden auch immer wieder Termine angeboten für *Aqua-Jogging* oder *Aquarobic.* Ein wässriges Fitnessprogramm, das sowohl Kraft und Ausdauer als auch Entspannung bringt.

Kennen Sie aber schon *Watsu* (das sich aus den Wörtern »Water« und »Shiatsu« entwickelt hat)? Diese Partnerübung wird im 35 Grad Celsius warmen Wasser praktiziert. Auf harmonische und entspannende Weise werden dabei vor allem die Wirbelsäule und die Hauptgelenke des Körpers bearbeitet. Dabei muss man sich vertrauensvoll in die Hände des Partners fallen lassen. Und das kann ein echter Fische-Mensch doch eigentlich sehr gut. Also los, auf zum Watsu …!

Bei Schlaflosigkeit versuchen Sie es doch mal mit einem Kräutertraumkissen.

Ein Tipp für echte Fische: Ein »Kräutertraumkissen« schenkt Ihnen tiefen Schlaf und gute Träume nach einem hektischen Tag. Hier wirken Lavendel, weißer Salbei, Heiligkraut, Flieder, Rosenblätter, Beifuß, Kamille und Bärwurz beruhigend und ausgleichend. Die Kräuter vertreiben so manche negative Schwingung in Ihrem Umfeld. (Bezugsquelle: Magic Discount, Näheres finden Sie unter »Amulette« oder »Pyramidenenergie« im Anhang.)

Vielleicht tut Ihnen ja ein wenig *Psycho-Training* gut? Wer sich nach mehr Glück, nach mehr Gesundheit, mehr Erfolg und mehr Selbstvertrauen sehnt, kann aktiv daran mitarbeiten. Nicht jeder muss gleich zum Psychotherapeuten. Probieren Sie es doch mal mit dem Heimkurs aus dem BIO Ritter Verlag (Tel.: 0 81 58/80 21, Fax: 0 81 58/71 42).

Das Wichtigste ist jedoch, Ihre *Seele* gesund zu erhalten, denn vor allem die Schmerzen in der Seele werden sich irgendwann körperlich bemerkbar machen.
Wenn Sie das Glück einer behüteten Kindheit hatten, haben Sie gute Chancen, das Leben mit all seinen Hürden erfolgreich zu meistern. Am häufigsten und schwersten werden vor allem jene Menschen krank (das beweisen immer wieder eingehende Untersuchungen), die eine schwierige Kindheit erlebt haben oder die seelisch sehr oft tief verletzt worden sind.
Schätzen Sie sich deshalb glücklich, wenn andere Menschen

Sie lieben, wenn Ihre Familie zu Ihnen hält und Sie unterstützt, wenn Sie lieben können und positive Echos erhalten. Pflegen Sie Ihre Kontakte zu wichtigen Bezugspersonen, zu Verwandten, Geschwistern, zum Lebenspartner, zu den eigenen Kindern und zu den guten Freunden. Sie brauchen nicht ein »Heer von Menschen«, um sich wohl zu fühlen. Sie benötigen nur einige wenige echte Menschen, die Ihnen Wohlwollen, Sympathie oder Liebe entgegenbringen. Das ist Ihre größte »Lebensversicherung gegen Krankheit«.

Der Körper ist der Spiegel der Seele.

Krankheit zwingt uns Menschen auf deutliche oder unsanfte Weise immer dazu, sich selbst Gutes zu tun und sich endlich einmal wichtig zu nehmen. Sagen Sie öfters Nein zu Ihren Verpflichtungen und nehmen Sie Ihre eigenen Bedürfnisse ernster. Hören Sie auf Ihren Körper, beachten Sie seine Signale und Ihre Grenzen. Lassen Sie ungesunde Beziehungen, einen stressigen Job, alte Muster oder Glaubenssätze, unterdrückte Gefühle endlos los.

Zum Wohlfühlen gehört, dass Sie sich von allem trennen, was Ihnen nicht mehr gut tut. Nehmen Sie sich selbst an, so wie Sie sind. Loben Sie sich dafür, was Sie schon alles geschafft haben, denn gesundes Eigenlob besitzt starke Selbstheilungskräfte. Bejahen Sie Ihren Wunsch nach Wohlfühlen. Holen Sie sich jegliche Unterstützung, die Sie für sich und Ihr Wohlgefühl benötigen. Das ist Ihr Geschenk an Sie selbst und erfreut Ihren Körper, Ihren Geist und Ihre Seele gewiss. Ich wünsche Ihnen viel Freude beim Wohlfühlen!

DIE FISCHE

Zahlenmagie

Die 7 ist eine Symbolzahl des Planeten *Neptun*. Die Zahl 7 ist zuständig für alles Geheimnisvolle, für Spiritualität, Sensibilität, Mitgefühl, für den Glauben und unsere Träume, aber auch für Illusionen, Täuschungen und Verblendungen. Im besten Falle ist sie eine Zahl des Heilens und der Wunder. Die 7 wird in der Astrologie dem Tierkreiszeichen Fische zugeordnet und ist deshalb eine Glückszahl für alle Fische-Geborenen. Aber auch Menschen, in deren Geburtshoroskop der Aszendent oder andere Planeten im Fische-Zeichen oder im zwölften Haus stehen, kann die 7 Glück bringen sowie jenen, die auffällige Aspekte des *Neptun* besitzen.

Menschen, denen die Zahl 7 zugeordnet ist, stehen für Geheimnisvolles und Spiritualität.

Ihre Persönlichkeit
7er-Menschen sind in den meisten Fällen eher introvertiert und deshalb etwas zurückhaltend im Umgang oder Auftreten. Sie haben Interesse an Geheimnissen (Mythologie, Träume, Esoterik u. Ä.), doch sie geben nicht gern ihre eigenen Heimlichkeiten preis.

Als 7er-Persönlichkeit träumen Sie auch mehr und lebhafter als die anderen Menschen und der Dschungel des Unbekannten fasziniert Sie. All das schenkt Ihnen viel Intuition und eine Gabe fürs Hellsehen. Ihre magnetisch-beruhigende Ausstrahlung übt starken Einfluss auf andere aus, vor allem auf in Not geratene Menschen. Ihre eigenen Probleme behalten Sie jedoch gerne im Verborgenen oder wollen damit niemanden belasten.

Sie sind im wahrsten Sinne des Wortes weder engstirnig noch mit Vorurteilen beladen, das ist Ihr großes Plus. Mit Ihrer ruhigen und zurückhaltenden Wesensart hegen Sie zwar ehrgeizige Wünsche, doch Ihre Ziele haben dabei immer einen fast philosophischen Touch und auch über diese schweigen Sie.

Die Sorgen des Alltags ertragen Sie nicht so robust wie andere; vor allem viele Reibereien und Streitigkeiten bauschen Sie innerlich auf; all das können Sie nur schlecht wegstecken. Dann werden Sie leicht mutlos, nervös, gereizt oder gar depressiv.

Sie müssen lernen, jeden Sieg weiter auszubauen, obwohl Sie nur ungern mit dem gesellschaftlichen Strom schwimmen. Sie neigen eher zu unkonventionellen oder einzigartigen Ideen und Überzeugungen; auch Ihre religiösen Ansichten sind oft recht eigenwillig.

7er-Menschen neigen zu eigenwilligen und unkonventionellen Ideen.

Das Ansammeln von Besitz und Reichtum ist nicht so wichtig für Sie, obwohl Sie mit einigen originellen Ideen durchaus viel Geld verdienen könnten. Haben Sie genug davon, dann geben Sie es gerne an Hilfsbedürftige weiter oder unterstützen Wohlfahrtsverbände, Tierheime und ähnliche Institutionen.

Viele bekannte Künstler, aber auch gute Therapeuten oder Menschen in Sozial- und Heilberufen besitzen die 7 als Geburtstagszahl, komplette Geburtszahl oder Namenszahl. Wenn ein 7er-Mensch ein künstlerisches Talent besitzt, kann er sehr gut als Dichter, Sänger, Schauspieler, Schriftsteller oder Tänzer beruflich aktiv sein.

Aber Sie haben auch ein Talent, anderen Ihr mitfühlendes Verständnis für Leiden und Sorgen zu schenken. Deshalb laden Freunde, Kollegen und Verwandte oft allen »seelischen Müll« gerne bei Ihnen ab. Außerdem sind Sie sehr verschwiegen und tratschen das Gehörte nicht weiter.

Sie sind dankbar und hilfsbereit, vor allem dann, wenn Ihnen selbst Dankbarkeit oder Anerkennung zuteil wird. Ihre Pflichttreue gehört zu Ihren Stärken, doch Sie überfordern sich dabei oft und reagieren darauf sogar körperlich. Eine »Big-Brother-

Mentalität« schreckt Sie allerdings ab, denn Sie hassen aufdringliche Fragen und jegliche Bedrohung Ihrer Privatsphäre. Im tiefsten Grund Ihrer Seele sind Sie ein typischer Einzelgänger.

Das Meer ist heilsam für Sie und auch sonst alles, was mit Wasser zu tun hat. Sie sollten sich nicht auf Ihren Lorbeeren ausruhen, da sonst unweigerlich Verluste drohen. Vorsicht vor Stürzen! Ihre intuitive Begabung wird mit den Jahren immer stärker.

Wasser schenkt Ihnen Kraft und Energie.

Zukunft:
Ihr persönliches
Jahresschicksal

»Alles hat seine Stunde,
und es gibt eine Zeit für jedes Vorhaben
unter dem Himmel ...«

(DAS BUCH PREDIGER, KAP. 3, .V. 1)

Der Ursprung der Zahlen ist relativ unbekannt, doch es steht fest, dass schon Hermes Toth *(Merkur)* vor vielen Äonen, ja schon vor Atlantis sehr viel über sie gewusst hatte. Die alten Chaldäer, Ägypter, Hindu, Essener und auch die Weisen der arabischen Welt waren Meister in der Erkenntnis um die verborgene Bedeutung der Zahlen. Einige dieser Erleuchteten entdeckten, dass die Bewegung der Erdachse um den Pol der Ekliptik nur alle 25 850 Jahre stattfinden kann. Man wundert sich noch heute, wie sie diese Berechnungen ohne Instrumente mit derartiger Genauigkeit durchführen konnten. Manche Dinge auf dieser Welt wird man nicht enträtseln können. Man muss sie einfach akzeptieren in der Gewissheit, dass sich die Antworten zur rechten Zeit schon einstellen werden.

Astrologie und Numerologie liefern nützliche Hinweise bei der Erforschung Ihrer Persönlichkeit.

Mithilfe der *Numerologie* (das chaldäisch-hebräische kabbalistische numerische Alphabet) können Sie relativ schnell Ihr persönliches Jahresschicksal errechnen. Obwohl Astrologie und Numerologie eng miteinander verbunden sind, ist die Astrologie doch Königin der Geheimwissenschaften und kann noch viel detaillierter als die Numerologie Auskunft über günstige Zeitqualitäten, Wachstumsmöglichkeiten oder schwierige Entwicklungen geben. Aber das kostet Zeit und Geld.

Zwar gibt es schon längst preisgünstige Computer-Software, die astrologische Jahresanalysen erstellen können, doch ein Computer ist natürlich eine Maschine und kann den Menschen hinter dem Geburtsdatum nicht als ganze Persönlichkeit erfassen.

Falls Sie sich tiefer mit der Materie beschäftigen wollen, als es mit einem Computer möglich ist, dann sollten Sie einen seriösen und guten Astrologen aufsuchen. Fragen Sie diesen ruhig, wie und wo er sein Studium abgeschlossen hat und wie lange er schon praktiziert. Nur so können Sie sich von allen unseriösen Beratern abgrenzen. Ein guter Astrologe muss eigentlich keine Zeitungsinserate schalten. Er lebt von Stammkunden und deren Empfehlung. Fallen Sie nicht auf die »Multigenies« herein, die überall inserieren: Astrologie, Kartenlesen, Magie, Handlesen und vieles mehr. Derartige Berater müssten eigentlich so um die 80 sein, wenn sie all diese Praktiken ernsthaft studiert haben wollen. Wenn Sie Genaueres gar nicht wissen möchten oder im Moment dafür kein Geld zur Verfügung haben, dann probieren Sie doch die für Sie kostenlose und leicht zu erlernende Methode der *Numerologie* aus.

Numerologie ist einfach zu erlernen.

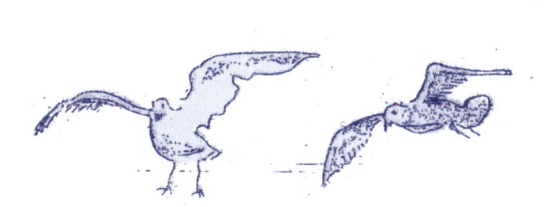

Ihre Jahres- oder Ereigniszahl

Sie finden Ihre aktuelle Jahres- oder Schicksalszahl, indem Sie die Jahreszahl in Ihrem Geburtsdatum durch das jeweils laufende Kalenderjahr ersetzen.

Ein Beispiel: Sie sind am 22.1.1950 geboren und möchten wissen, was das Jahr 2002 für Sie als Hauptthema bereithält. Dann addieren Sie:

So können Sie Ihre aktuelle Jahres- oder Schicksalszahl errechnen.

22 + 1 + 2002 =
2 + 2 + 1 + 2 + 2 = 9

Jede Null wird nicht gezählt!

Lesen Sie unter »Die 9 als Jahres- oder Ereigniszahl« nach, was das Schicksal Ihnen 2002 rät!

Zweites Beispiel: Sie sind am 19.10. 1944 geboren und möchten wissen, was das Jahr 2003 für Sie bereithält. Dann addieren Sie:

19 + 10 + 2003 =
1 + 9 + 1 + 2 + 3 = 16

Lesen Sie unter »Die 16 als Jahres- oder Ereigniszahl« nach, was das Schicksal Ihnen 2003 rät.

Die 1, 2, oder 3 als Jahres- oder Ereigniszahl

Diese Zahlen können rein rechnerisch nicht vorkommen, denn selbst wenn Sie am 1.1. eines Jahres geboren sind, ergibt die Jahreszahl für das Jahr 2000 schon die 4, denn 1 + 1 + 2 = 4!

Die 4 als Jahres- oder Ereigniszahl

Kommt die 4 als Jahreszahl für Sie in Betracht, kann diese auch von einer zweistelligen Zahl (13, 22, 31 oder 40) auf eine 4 reduziert werden. Lesen Sie dann neben diesem Abschnitt auch bei der 13 oder 22 nach, falls eine dieser Zahlen für Sie zutrifft.

Jahresschicksal

Als Jahreszahl ruft die 4 dazu auf, Ihre Individualität weiterzuentwickeln. Suchen Sie nach sinnvollen Reformen und Verbesserungen in Ihrer allernächsten Umgebung, doch gehen Sie dabei nicht nach altbewährten Methoden vor, sondern eher mittels ungewöhnlicher Ideen und Handlungsweisen.

Sie haben jetzt ein Gespür für kommende Entwicklungen und für Ihre eigene Zukunft. So erkennen Sie manches, was anderen noch verborgen bleibt. Das kann von tiefen Einsichten reichen bis hin zu Vorahnungen, die sich später verwirklichen. Dabei werden Ihre Stimmungen jedoch wechseln: Mal grübeln Sie tief über aktuelle Probleme nach, mal überfällt Sie urplötzlich ein Geistesblitz und ein anderes Mal verblüffen Sie mit Ihrer witzigen und schlagfertigen Argumentation Ihre »Gegner«. Lesen Sie einmal die Biografien von ungewöhnlichen Menschen, das kann Sie inspirieren. Pflegen Sie vor allem Freundschaften zu etwas außergewöhnlichen Personen, denn auch diese inspirieren Sie dieses Jahr sehr.

Rechnen Sie mit Veränderungen in Ihrem Leben.

Glauben Sie an das Unmögliche, doch halten Sie sich nicht mit Luftschlössern auf, die niemals zu verwirklichen sind. Ändern Sie ein paar Ihrer alten Gewohnheiten, denn nur wer sich selbst verändert, kann auch Veränderungen in größerem Ausmaß bewirken. Wie wär's mit einer neuen Frisur, einer neuen Farbe in der Kleidung oder einem neuen Auto?

Auf keinen Fall sollten Sie sich von anderen unnötige oder unsinnige Vorschriften machen lassen; dagegen dürfen Sie sich ruhig auf liebenswürdige Weise wehren. Der Einfluss der 4 wird Sie aber auf jeden Fall überraschen: Veränderungen finden sowohl innerlich als auch äußerlich in Ihrem Leben statt und eine innere Verjüngung ebenfalls.

Die Zahl 4 kann in dem errechneten Jahr eine Glückszahl für Sie werden – oder eine Schicksalszahl. Sie ist mit dem Wesen des *Uranus* und des Tierkreiszeichens *Wassermann* verwandt!

Die 5 als Jahres- oder Ereigniszahl

Kommt die 5 als Jahreszahl für Sie in Betracht, kann diese auch von einer zweistelligen Zahl (14, 23, 32 oder 50) auf eine 5 reduziert werden. Lesen Sie deshalb neben diesem Abschnitt auch bei der 14 oder 23 nach, wenn Sie eine dieser Zahlen errechnet haben.

Zeigen Sie in diesem Jahr Ihre vielseitigen Begabungen. Sie werden Ihre Ziele jetzt am leichtesten verwirklichen können, wenn Sie Ihren starken Glauben mit Ihren starken Wünschen verbinden. In diesem Jahr werden sich wohl einige Abwechslungen in Ihrem Leben ergeben. Vielleicht ein Umzug, eine interessante Reise, eine neue partnerschaftliche Verbindung. Auch Ihre Sprachbegabung kann Ihnen dieses Jahr von Nutzen sein – oder Ihre geistige Wendigkeit.

Zeigen Sie Ihre vielseitigen Begabungen.

Ihrer Aufmerksamkeit entgeht kaum etwas, doch in der Liebe sollten Sie Ihre logische Vernunft mal pausieren lassen, denn Liebe hat rein gar nichts mit Logik zu tun. Das Jahr eignet sich sehr gut für Arbeit in den Medien, im Verkauf, für Reisetätigkeit, für Beschäftigung in der Werbung, bei Verlagen, für Öffentlichkeitsarbeit oder für Arbeit am Computer. Schonen Sie Ihre Nerven, denn diese werden jetzt von vielen interessanten Dingen, Neuigkeiten und Informationen überflutet. Nüsse, Milch oder Vitamin-B-Komplex-Tabletten tun Ihnen jetzt gut, sonst erleben Sie manche schlaflose Nacht, weil Ihr Kopf einfach nicht abschalten kann. Setzen Sie Ihre gute Menschenkenntnis ein und umgeben Sie sich nicht mit den falschen Freunden oder Beratern. Auf jeden Fall werden Sie sich sehr schnell an alle neuen Situationen gewöhnen und flexibel auf jede sich bietende Veränderung reagieren können.

Wer zusätzlich eine astrologische Jahresanalyse mit seinen exakten Geburtszeitangaben (sind beim Standesamt Ihres Geburtsortes zu erfragen) in seine Planungen mit einbezieht, hat natürlich die größten Chancen, genau zum richtigen Zeitpunkt die passenden Aktionen zu starten. Umgekehrt schenkt Ihnen die Astrologie auch den klaren Überblick, zu welchen Zeiten es besser wäre, einen Gang rückwärts zu schalten, zu bremsen oder abzuwarten, denn mit ihrer Hilfe kann man die »Qualität der Zeit« berechnen, die speziell für Sie wirkt.

Die Zahl 5 kann in dem errechneten Jahr eine Glückszahl für Sie werden – oder eine Schicksalszahl. Sie ist mit dem Wesen des *Merkur* und der Tierkreiszeichen *Zwillinge* und *Jungfrau* verwandt!

Eine astrologische Jahresanalyse zusätzlich kann hilfreich sein.

Die 6 als Jahres- oder Ereigniszahl

Kommt die 6 als Jahreszahl für Sie in Betracht, kann diese auch von einer zweistelligen Zahl (15, 24, 33 oder 42) auf eine 6 reduziert werden. Lesen Sie deshalb zusätzlich unter 15 oder 24 nach, falls eine dieser beiden Zahlen auf Sie zutrifft.

In diesem Jahr sollten Sie nicht nach rein sexuellen Abenteuern suchen, sondern einer ganzheitlichen Liebe den Vorzug geben. Setzen Sie Ihr unwiderstehliches Lächeln ein – es wirkt wahre Wunder. Ihre Ausstrahlung nimmt erheblich zu und deshalb ziehen Sie einige Menschen magnetisch an. Wenn Sie nicht unter Prahlerei oder Verschwendungssucht leiden, dann haben Sie dieses Jahr die besten Möglichkeiten, sowohl die Liebe zu finden (oder eine schon vorhandene Beziehung auszubauen), aber auch Glück mit Geldangelegenheiten zu erleben und dabei noch äußerst kreativ zu sein (manchmal auch im biologischen Sinne).

Die Zahl 6 kann in dem errechneten Jahr eine Glückszahl für Sie werden – oder eine Schicksalszahl. Sie ist mit dem Wesen der *Venus* und der Tierkreiszeichen *Stier* und *Waage* verwandt!

Die 7 als Jahres- oder Ereigniszahl

Spezielle Talente kommen zum Vorschein.

Kommt die 7 als Jahreszahl für Sie in Betracht, kann diese auch von einer zweistelligen Zahl (16, 25, 34 oder 43) auf eine 7 reduziert werden. Lesen Sie auch unter der 16 nach, falls Sie diese Zahl errechnet haben.

Wenn Sie dieses Jahr einen Erfolg errungen haben, sollten Sie gleich weiterarbeiten, um ihn noch auszubauen. Jetzt werden Ihre Träume intensiver oder Sie entdecken neue Geheimnisse (der Mythologie, der Esoterik oder einer Grenzwissenschaft). Sie werden vielleicht sogar einige hellseherische Erfahrungen machen, doch das meiste spielt sich dieses Jahr in Ihrem Innern ab. Möglicherweise kommen eigenartige Talente plötzlich an die Oberfläche. Stehen Sie dazu, einen etwas eigenwilligen Charakter zu entwickeln; das macht Sie umso interessanter.

Jetzt könnten Sie auch in Not geratenen Menschen helfen oder für Hilfsorganisationen und Wohlfahrtsverbände aktiv werden, doch als »seelischen Abfalleimer« sollten Sie sich nicht degradieren lassen, sonst endet dies im »hilflosen Helfer«. Hektik und Stress gehen Sie besser aus dem Weg; das vertragen Sie jetzt schlecht. Suchen Sie die Stille, die Ruhe, denn nur dann kann Bewusstsein wachsen. Das Wasser in allen Erscheinungen tut Ihnen gut (ein Urlaub am Meer, ein Spaziergang an einem See, am Bachufer ein Buch lesen u. Ä.).

Aus philosophischen Einsichten oder geistigen Überlieferungen entwickeln sich jetzt in Ihnen tiefe Erkenntnisse, in welche Lebensrichtung Sie sich bewegen sollten. Achten Sie auf Ihre innere Stimme und auf Ihre Träume; auch diese schicken bedeutungsvolle Botschaften in Ihr Bewusstsein (siehe den Abschnitt über »Traumdeutung«).

Die Zahl 7 kann in dem errechneten Jahr eine Glückszahl für Sie werden – oder eine Schicksalszahl. Sie ist mit dem Wesen des *Neptun* und des Tierkreiszeichens *Fische* verwandt!

Die 8 als Jahres- oder Ereigniszahl

Kommt die 8 als Jahreszahl für Sie in Betracht, kann diese auch von einer zweistelligen Zahl (17, 26, 35 oder 44) auf eine 8 reduziert werden. Lesen Sie auch unter der 17 nach.

Das Jahr fordert Sie auf, ein harmonisches Gleichgewicht von Körper, Geist und Seele herzustellen. Es ist keine Sünde, nach Glück zu streben. Werden Sie aktiv! Sollte die Jahreszahl 8 mit Ihrem Geburtsdatum oder mit Ihrer Geburts- und Namenszahl identisch sein, dann wird dieses Jahr wohl schicksalsträchtig für Sie werden. Jetzt empfiehlt es sich wirklich, zusätzlich eine astrologische Jahresanalyse erstellen zu lassen (genaue Geburtszeit bitte am Standesamt Ihres Geburtsortes erfragen). Hier können Sie deutlich erkennen, ob gleichzeitig auch schwierige Saturn-Transite auf Sie einwirken, und vor allem zu welchen Zeiten. Es könnten karmische Lektionen stattfinden, doch trotz eines schweren Weges wäre auch ein erfolgreicher Abschluss durchaus möglich. Alle Ereignisse dieses Jahres könnten für Sie zum »Lehrer« werden.

Die 8 als Jahreszahl empfiehlt Ihnen, viel Ausdauer, Geduld, Konzentration, Stille, Rückzug und Kontemplation zu praktizieren. Es ist nur von Vorteil, wenn Sie sich von allzu hektischen oder oberflächlichen Aktivitäten zurückziehen und bisweilen ein bisschen Einsiedler spielen.

Sind Sie schon in höheren Positionen tätig, dann ist jetzt viel Selbstbeherrschung, Mut und Bescheidenheit gefragt, um diesen Posten zu festigen oder auszubauen. Vielleicht müssen Sie auch einige Opfer bringen, doch es würde sich lohnen. Mit Disziplin und Weisheit kommen Sie jetzt am besten voran und diese Tugenden sollten Sie ehrlichen Herzens weiter in sich aktivieren. Die Zahl 8 kann in dem errechneten Jahr eine Glückszahl für Sie werden – oder eine Schicksalszahl. Sie ist mit dem Wesen des *Saturn* und des Tierkreiszeichens *Steinbock* verwandt!

Stellen Sie ein harmonisches Gleichgewicht zwischen Körper, Geist und Seele her.

Die 9 als Jahres- oder Ereigniszahl

Kommt die 9 als Jahres- oder Ereigniszahl für Sie in Betracht, kann diese auch von einer zweistelligen Zahl (18, 27, 35 oder 45) auf die einstellige 9 reduziert werden. Lesen Sie – falls Sie die 18 als Ergebnis herausbekommen haben – auch unter dieser Zahl nach.

Die Jahreszahl 9 rät Ihnen, weise oder kluge Personen aufzusuchen und diese um Rat zu bitten, falls es einmal nicht mehr so recht weitergeht. In diesem Jahr brauchen Sie Mut, Freude am Risiko, Durchsetzungsvermögen, Wille und Entschlossenheit. So können Sie Ihre Ziele am besten erreichen. Vermeiden Sie allerdings zu viel Egoismus, Jähzorn und Ellbogenmentalität. Ein mutiger Kämpfer ist stets fair und setzt seine Kraft für die wirklich wichtigen und echten Ziele ein. Bisweilen müssen Sie ganz schnell in kurzer Zeit wichtige Entscheidungen treffen.

Nutzen Sie Ihre Kraft für wichtige und echte Ziele.

Ist auch Ihre Geburts- oder Namenszahl die 9, dann sollten Sie den Fuß von Ihrem inneren Gaspedal nehmen. Ist Ihre Geburts- und Namenszahl jedoch nicht so impulsiv, dann heißt es jetzt, diese Wesensmerkmale zu aktivieren. Auch in Sachen Liebe kann es durchaus leidenschaftlich werden, doch die heißen Gefühle sind nicht unbedingt gut für einen Hochzeitstermin, denn dazu braucht man mehr innere Sicherheit und Ruhe. Sie könnten jetzt relativ schnell zum Kern einer Angelegenheit vordringen. Mit der 9 als Jahreszahl kann man durch weise Vorgehensweise wirklich große Durchbrüche oder Neuanfänge riskieren und dabei auch noch erfolgreich sein: nur Mut!

Die Zahl 9 kann in dem errechneten Jahr eine Glückszahl für Sie werden – oder eine Schicksalszahl. Sie ist mit dem Wesen und der Energie des *Mars* und des Tierkreiszeichens *Widder* verwandt!

Die 10 als Jahres- oder Ereigniszahl

Ergeben Ihre Berechnungen für das Sie interessierende Jahr die Zahl 10 (zum Beispiel wenn Sie am 20.4. geboren sind und die Ereignisfärbung des Jahres 2002 herausfinden wollen), dann sollten Sie sich positive Lebensveränderungen bereits zu Beginn des Jahres fest vornehmen. Setzen Sie all Ihre Energie und Ihr Geschick ein und stellen Sie sich das Endresultat schon bildlich vor. »Imaginiere und befehle« ist das Hauptmotto der 10.

Das Jahr ist günstig, um außergewöhnliche Pläne und Ziele durchzusetzen. Auf Selbstdisziplin und viel Mitgefühl dürfen Sie allerdings nicht verzichten. Das ist die notwendige Grundenergie, um jegliche Zerstörungsenergie abzuwenden oder zu verhindern. Zeigen Sie sich anpassungsfähig und intelligent, das sind die besten Bausteine auf dem Weg zu Ihrem Erfolg. Ihr gutes Gedächtnis kommt Ihnen jetzt des Öfteren zu Hilfe, aber auch Ihr diplomatisches Geschick werden Sie gut einsetzen können. Übertriebenen Egoismus sollten Sie auf jeden Fall vermeiden, denn das weckt polare Kräfte und führt zu Misserfolgen.

Sie können dieses Jahr selbst entscheiden, wie Ihr Leben weiterhin verlaufen soll. Bei positiver Grundeinstellung schenkt Ihnen die 10 ein gesundes Selbstvertrauen, den Glauben an den guten Ausgang einer wichtigen Sache und am Ende dann die ersehnte Anerkennung (ob privat oder beruflich). Je höher Ihre Persönlichkeit ausgerichtet ist, desto größer sind Ihre Erfolge in diesem Jahr!

Setzen Sie außergewöhnliche Pläne um.

Die 11 als Jahres- oder Ereigniszahl

Ergeben Ihre Berechnungen die Jahreszahl 11 (zum Beispiel wenn Sie am 3.4. geboren sind und die Ereignisfärbung des Jahres 2002 finden wollen), dann besitzen Sie hoffentlich eine günstige Geburts- oder Namenszahl als positives Gegengewicht zu dieser schwierigen 11er-Schwingung.

Für das Jahr mit der 11 als Ereigniszahl gilt eine ganz große Warnung: Hüten Sie sich davor, Ihre Ziele und Pläne anderen mitzuteilen! Nur längst erprobten Freunden sollten Sie sich anvertrauen. Jetzt lauern einige verborgene Gefahren, und Neider haben die Absicht, Ihnen einen Strich durch die Rechnung zu machen.

Missgunst, Intrigen, Heimlichkeiten, Verrat durch andere und ähnlich unschöne Erlebnisse warten dieses Jahr auf Bewältigung Ihrerseits – vielleicht ein Test?

Finden Sie einen Kompromiss zwischen allen wirkenden Kräften.

Jetzt dürfte es schwierig sein, zwei unterschiedliche Ziele zu vereinen. Eine dritte Kraft (eine Idee oder eine Person) ignoriert den Standpunkt der einen Seite und sabotiert so jede Harmonie.

Versuchen Sie immer, den Ursprung dieser trennenden Macht (Kraft) sofort zu identifizieren. Danach sollte ein guter Kompromiss zwischen allen wirkenden Kräften gefunden werden. Keine leichte Aufgabe. Aber auch in Ihnen selbst finden polare Kämpfe statt. Zwei Kräfte oder zwei Wünsche arbeiten des Öfteren gegeneinander. Doch auch diese Kräfte oder Wünsche sollten vereinigt werden, sonst folgt die Enttäuschung auf dem Fuß.

Leisten Sie sich, wenn es schwierig wird, doch eine astrologische Jahresanalyse. Auf jeden Fall sollten Sie Ihre Geheimnisse so lange hüten, bis sie keiner mehr durchkreuzen kann. Vermeiden Sie auch jegliche Illusionen und bleiben Sie sich selbst treu!

Die 12 als Jahres- oder Ereigniszahl

Ist die von Ihnen gefundene Jahreszahl die Zahl 12 (zum Beispiel wenn Sie am 7.1. geboren sind und die Ereignisfärbung des Jahres 2002 berechnen wollen), dann besitzen Sie hoffentlich eine günstigere Geburts- oder Namenszahl als positives Gegengewicht zu dieser schwierigen 12er-Schwingung.

Dieses Jahr werden andere Menschen versuchen, Sie zu benutzen, auszunutzen oder Ihre Energie vor deren Karren zu spannen. Auch Intrigen oder Verleumdungen sind jetzt zu erwarten, doch Sie können diese nur schlecht abwenden. Bleiben Sie vorsichtshalber immer ehrlich zu sich selbst und zu anderen. Sie strahlen etwas aus, das Sie dieses Jahr leicht zum »Opfer« machen kann. Bringen Sie jedoch nur notwendige Opfer, um Ihr Wissen zu erweitern. Von anderen wichtigen Lebenszielen sollten Sie sich auf keinen Fall abbringen lassen. Suchen Sie nur in Ihrem eigenen Innern nach der Lösung von Problemen. In diesem Jahr müssen Sie viel lernen, doch mit Selbstaufopferung hat dies nichts zu tun. Wenn Sie zum Opfer geworden sind, sollten Sie die eigene psychologische Ursache dafür herausfinden. War Ihr Selbstwertgefühl geschrumpft? Hatten Sie Angst, sich durchzusetzen, wütend zu werden, sich abzuwenden. Warum? Reagieren Sie auf Verleumdungen anderer am besten mit Nichtbeachtung oder Verachtung. Nur wenn Ihre Ehre angegriffen wird, sollten Sie sich mächtiger zur Wehr setzen (Anklage erheben). Opfern Sie auf keinen Fall Ihre persönlichen Ziele dem Ehrgeiz anderer Menschen!

Lassen Sie sich nicht von wichtigen Lebenszielen abbringen.

Wenn sich Probleme auftun und Sie den Überblick verlieren, dann leisten Sie sich dieses Jahr doch mal eine astrologische Jahresanalyse oder eine persönliche Beratung!

Die 13 als Jahres- oder Ereigniszahl
Ergeben Ihre Berechnungen für das Jahr die Zahl 13 (zum Beispiel) wenn Sie am 6.3. geboren sind und die Ereignisfärbung des Jahres 2002 wissen wollen), dann wird in dem betreffenden Jahr (in unserem Beispiel im Jahr 2002) die Schwingung der 13 für Sie aktuell werden.

Das Jahr scheint größere Veränderungen für Sie vorgesehen zu haben. Ursachen zeigen jetzt ihre Wirkungen. Revolution,

Umwälzung und Auflehnung führen dagegen ins Chaos. Je nachdem, wo Ihr Leben festgefahren ist und kein Wachstum mehr beinhaltet, wird Altes zerstört werden, damit Sie etwas Neues aufbauen können. Es kann sein, dass Ihre Affekte (Wut, Zorn, Sinnlichkeit oder Nervosität) besonders stark werden. Bauen Sie diese negativen Energien möglichst durch viel Sport ab. Hüten Sie sich auch vor riskanten Unternehmungen oder gar Spekulationen. Vermutlich findet in diesem Jahr auch ein wichtiger Transit des *Uranus* auf Ihr Geburtshoroskop statt.

Riskante Unternehmungen oder Spekulationen sollten Sie vermeiden.

Trotz aller Mäßigung werden unerwartete oder einschneidende Ereignisse stattfinden. Nur wer die eigene Macht zu selbstsüchtigen Zwecken missbraucht, wird nun große Fehlschläge erleben. Auch revolutionäres Verhalten, Widerstand oder Rebellion führen jetzt nur zu einem negativen Endresultat.

Wenn Sie sich dagegen allen auftauchenden Veränderungen willig beugen, verstärkt dies die positive Schwingung der 13. Dann können Sie Altes verändern und Neues aufbauen!

Die 14 als Jahres- oder Ereigniszahl

Berechnen Sie für ein Jahr die Zahl 14 (zum Beispiel wenn Sie am 4.6. geboren sind und die Ereignisfärbung des Jahres 2002 herausfinden wollen), dann wird in diesem Jahr (in unserem Beispiel im Jahr 2002) die Schwingung der 14 für Sie aktuell werden.

Es kann sein, dass Sie mit der Öffentlichkeit zu tun haben, vermehrt mit dem Bereich Kommunikation, Schreiben, Verlage oder Medien. Das neue Jahr bringt Abwechslung und Veränderung in Ihr Leben. Sie werden viele Kontakte mit Menschen erleben oder mit Ländern, durch Reisen – oder alternativ einen Ortswechsel vornehmen. Möglicherweise kommen Sie mit Naturgewalten in Berührung (Erdbeben, Stürme, Gewitter, Feuer oder Überschwemmungen). Vorsicht ist hier geboten.

Leider sind Sie des Öfteren zu pessimistisch eingestellt. Doch Sie werden merken, dass sich – sobald Sie optimistisch denken oder einfach ein bisschen Galgenhumor einsetzen – der Erfolg bald einstellen wird.

Verlassen Sie sich in diesem Jahr nicht auf andere Menschen, sondern vor allem auf Ihre Intuition und Ihre innere Stimme. Es kann sein, dass ein Mensch Ihnen eine Situation oder Sachlage völlig falsch darstellt und Sie Nachteile daraus haben. Mit Geld oder Spekulationen haben Sie dieses Jahr Glück, doch auch hier sollten Sie nicht zu vertrauensselig sein oder die Ratschläge anderer befolgen. Irgendein boshafter Mensch in Ihrer Umgebung vergönnt Ihnen das Glück nicht und ist bestrebt, Sie vom richtigen Weg wegzulocken!

Ihre Intuition und Ihre innere Stimme sind wichtige Quellen.

Die 15 als Jahres- oder Ereigniszahl

Haben Sie für ein Jahr die Zahl 15 berechnet (zum Beispiel wenn Sie am 31.7. geboren sind und die Färbung des Jahres 2002 mit allen Ereignissen wissen wollen), dann wird in diesem Jahr die Schwingung der Zahl 15 für Sie aktuell werden.

Sie besitzen jetzt besonders magische Kräfte, doch vor allen Praktiken in schwarzer Magie sollten Sie sich hüten (vor den Zahlen 4 und 8, vor niedrigem Okkultismus, vor Hypnose oder mentaler Suggestion). Sie sind oft zum rechten Zeitpunkt am richtigen Ort und ein geheimer Zauber führt Sie zu den passenden Menschen oder Situationen. Ihre Redebegabung wird jetzt gestärkt, aber auch in Musik, Kunst oder Theater können Sie Erfolge erzielen. Ihr Charisma ist groß und Ihre Anziehungskraft auf andere schier unwiderstehlich. Das kann auch zu sinnlichen Versuchungen führen. Vermeiden Sie es, mit List und Tücke Ihre Ziele zu verwirklichen. Dann werden Sie auch in puncto Geld viel Positives erleben.

Vielleicht kommen Sie dieses Jahr ganz unerwartet zu einem

höheren Gehalt, zu einer Erbschaft, zu einem finanziellen Geschenk. Vor allem wenn die finanziellen Mittel mal knapp werden, ist der Zustrom wieder offen. Andererseits wird man Ihnen auch viele kleine Gefälligkeiten erweisen. In diesem Jahr haben Sie die große Möglichkeit, anderen Menschen Glück zu schenken und Licht in jedes Dunkel zu bringen. Einzige Voraussetzung dafür: Sie benutzen Ihre magische Ausstrahlungskraft nicht für ausschließlich selbstsüchtige Zwecke!

Die 16 als Jahres- oder Ereigniszahl
Ergaben Ihre Berechnungen für ein Jahr die Zahl 16 (zum Beispiel, wenn Sie am 4.8. geboren sind und die Färbung des Jahres 2002 mit allen Ereignissen wissen wollen), dann wird in diesem Jahr die Schwingung der Zahl 16 für Sie aktuell werden.

Gehen Sie lieber Schritt für Schritt vor.

Diese Jahr dürfte schwierig werden, denn die 16 zieht ungewöhnliche Schicksalsschläge oder verhängnisvolle und rätselhafte Begebenheiten an. Gehen Sie jetzt keine unnötigen Wagnisse ein; planen Sie jeden Schritt besonders sorgfältig. Streben Sie nicht nach einer hohen Karriere (Turm), das könnte Sie zu Fall bringen. Auch jeder übertriebene Egoismus ist genauso riskant wie zu große Impulsivität. Möglicherweise haben Sie mit einer entzündlichen oder fiebrigen Erkrankung zu kämpfen. Hüten Sie sich vor niedrigen Leidenschaften und eigenartigen Gelüsten. Hören Sie nur auf Ihre innere Stimme. Streben Sie dieses Jahr nicht nach Ruhm und Anerkennung, sondern suchen Sie Ihr Glück eher im Privatbereich. Achten Sie auf Ihre Träume (siehe den Abschnitt über »Traumdeutung«); diese senden Ihnen wichtige Botschaften der Seele. Auch Ihre Intuition warnt Sie jetzt stark vor allen drohenden Gefahren. Besorgen Sie sich ein gutes Traumdeutungslexikon (siehe Literaturverzeichnis), denn Sie finden Ihr Glück dieses Jahr nur in Ihrem eigenen Innern!

Die 17 als Jahres- oder Ereigniszahl

Ergaben Ihre Berechnungen für ein Jahr die Zahl 17, weil Sie beispielsweise am 4.8. geboren sind und die Färbung des Jahres 2003 mit allen Ereignissen wissen wollten, dann wird in diesem Jahr die Schwingung der Zahl 17 für Sie aktuell werden. Das Jahr dürfte Ihnen meistens viel Liebe und inneren Frieden bringen. Sie können sich jetzt weiterentwickeln, weil Sie durch Probleme, Hindernisse oder Leiden wachsen können.

Sie haben gute Chancen, wertvolle Taten zum Nutzen anderer zu vollbringen.

Ihr Wachstum tritt am schnellsten ein, wenn Sie sich geistig über all diese Ereignisse erheben. Jetzt haben Sie die besten Möglichkeiten und Chancen, wertvolle Taten und Werke zum Nutzen anderer Menschen zu vollbringen. Sollten Sie etwas bauen, schreiben, erschaffen oder vollenden, dann kann dieses Werk sogar über Ihren Tod hinaus bekannt sein, Sie damit unsterblich machen.

Gerechtigkeit und Friedensliebe sind jetzt Ihre Wegbereiter zum Glück. Leider geben Sie bisweilen auch dort nach, wo Sie sich eigentlich mehr durchsetzen sollten. Achten Sie darauf, nicht allzu gutmütig zu werden, sondern schieben Sie auch mal kräftig an und zeigen Sie »Ihre Zähne«. Enttäuschungen und Missverständnisse haben Sie sich selbst zuzuschreiben, wenn Sie allzu kompromissbereit sind und aus lauter Harmoniebedürfnis zu oft nachgeben!

Die 18 als Jahres- oder Ereigniszahl

Ergaben Ihre Berechnungen für das neue Jahr die Zahl 18, weil Sie am 24.8. geboren sind und die Färbung des Jahres 2002 mit allen Ereignissen wissen wollten, dann wird in diesem Jahr die Schwingung der Zahl 18 für Sie aktuell werden.

In diesem Jahr könnten Familienstreitigkeiten ein großes Thema werden oder zu vielen Konflikten führen. Bei manchen Menschen werden sogar Krieg, Aufruhr oder Revolution im näheren Umfeld stattfinden. Eigenartigerweise könnten Sie für sich selbst aus diesen Unruhen sogar neue Verdienstmöglichkeiten schöpfen. Möglicherweise werden Sie auch von Freunden verraten oder getäuscht. Sie sollten sich auch vor Blitz, Gewitter, Sturm, Strom oder den Naturelementen in Acht nehmen und nicht mit elektrischen Leitungen herumhantieren. Bauen Sie viele Zahlen der 6er-Reihe in Ihr Leben ein (Hausnummer, Ort, Telefonnummer, Autokennzeichen u. Ä.) – das schafft ein positives Gegengewicht zu der etwas schwierigen 18.

Zuverlässiges Arbeiten gibt Ihnen Sicherheit.

Wichtig ist, dass Sie in diesem Jahr ganz zuverlässig arbeiten. Vor allem Ihr Streben nach geistiger Höherentwicklung oder nach Spiritualität kann Ihnen jetzt Glück bringen. Suchen Sie nach geeigneten Wissensgebieten und erweitern Sie diese geistige Ausrichtung in Ihnen selbst.

Werden Sie angelogen, zeigen Sie sich offen und ehrlich. Begegnen Sie Hass, dann antworten Sie darauf mit Liebe. Erleben Sie Grausamkeit, dann reagieren Sie darauf mit Freundlichkeit. So wird alle negative Schwingung der 18 in eine positive 6 verwandelt. In manchen Fällen ergibt sich dann sogar eine geistige Erleuchtung. Jeder zu große Materialismus in Ihnen hemmt nur Ihre geistigen und spirituellen Kräfte, die jetzt wachsen wollen!

Die 19 als Jahres- oder Ereigniszahl

Haben Sie für ein Jahr die Zahl 19 berechnet (zum Beispiel weil Sie am 25.8. geboren sind und die Färbung des Jahres 2002 mit allen Ereignissen wissen wollen), dann wird in diesem Jahr die Schwingung der Zahl 19 für Sie aktuell werden.

Das könnte wahrlich ein *Sonnen*-Jahr für Sie werden! Herzlichen Glückwunsch, denn diese Zahl zieht förmlich positive Ereignisse, Anerkennung, Erfolg, Freude und Zuversicht an.

Selbst nach kurzfristigen oder zeitweisen Fehlschlägen wird die weitere Entwicklung erfolgreich verlaufen. Lediglich vor zu großem Übermut und zu großer Begeisterung sollten Sie sich jetzt vorsichtshalber hüten. Der Erfolg kommt meistens urplötzlich – sowohl in beruflichen Angelegenheiten als auch im Privatleben.

Selbst wenn Ihre ursprüngliche Geburtszahl nicht so günstig ausfällt, werden Sie in diesem Jahr doch viel Glück erleben.

Auf Ihrem eingeschlagenen Lebensweg kommen Sie mühelos voran. Lassen Sie Ihre »innere Sonne« immer wieder nach außen leuchten; das verstärkt die positive Schwingung der 19 und deren Glück bringende Wirkung in den kommenden Ereignissen.

Wer will, kann die 19 noch öfters in sein Leben mit einbauen (Hausnummer, gesamte Adresse, Orte, Telefonnummer, Autokennzeichen oder die 19 im Lottospiel) – eine Verstärkung der positiven Ereignisse wird dadurch möglich!

Sie kommen mühelos voran und das Glück steht auf Ihrer Seite.

Die 20 als Jahres- oder Ereigniszahl

Ergaben Ihre Berechnungen für ein Jahr die Zahl 20 – etwa weil Sie am 8.8. geboren sind und die Färbung des Jahres 2002 mit allen Ereignissen wissen wollten –, dann wird in diesem Jahr die Schwingung der Zahl 20 für Sie aktuell werden.

Dieses Jahr ist weniger materiell ausgerichtet, sondern sollte vor allem für eine große Tat oder Handlung verwendet werden. Zwar ruft die Zahl 20 zur Geduld auf, doch andererseits kann nun ein großes Erwachen in Ihnen selbst stattfinden. Neue Pläne, neue Ziele, neu geweckter Ehrgeiz, neue Wege schälen sich dabei heraus. Achten Sie jetzt auf Ihre Träume (siehe auch den Abschnitt über »Traumdeutung«), denn die liefern Ihnen bedeutende Zukunftsvisionen. Besorgen Sie sich ein gutes Traumdeutungslexikon (siehe Literaturverzeichnis).

In diesen visionären Träumen wird Ihre Zukunft bildlich dargestellt. Jetzt haben Sie die Möglichkeit, alle positiven Träume in die Realität umzusetzen – und die negativen Träume oder Visionen auszuschalten.

Entwickeln Sie Ihr geistiges und spirituelles Potenzial.

Geistig und spirituell können Sie in diesem Jahr enorm wachsen. Vor allem durch geistige Erkenntnisse und durch seelische Weiterentwicklung werden Sie frühere Blockaden, Hindernisse, Hemmungen und Verzögerungen überwinden können. Wer zudem die wirtschaftlichen Aspekte des Lebens aktivieren will, sollte sich zusätzlich mit den Zahlen 6, 24 oder 33 umgeben!

Die 21 als Jahres- oder Ereigniszahl
Ergaben Ihre Berechnungen für ein Jahr die Zahl 21, dann wird in diesem Jahr die Schwingung der Zahl 21 für Sie aktuell werden.

Sehr günstig wäre es, wenn Sie sich schon im mittleren Lebensalter befänden. Denn die 21 weist darauf hin, dass Sie jetzt günstige Vorsorge für einen sorgenfreien Lebensabend tragen können. Wer noch mitten im Leben steht und an seiner Karriere arbeitet, hat ebenfalls Glück zu erwarten. Vor allem wenn in den letzten Jahren viele Seelenprüfungen oder andere Tests oder Probleme zu bewältigen waren.

Jetzt erfahren Sie endlich positive Ergebnisse: Beruflicher Aufstieg ist in Sicht, aber auch hohe Anerkennungen könnten Ihnen zuteil werden (sowohl geistig als auch weltlich gesehen). Sie können in diesem Jahr die schöne Erfahrung machen, was es heißt, Glück im Leben zu haben. Entweder werden Sie jetzt befördert oder aber Sie erleben positive Unterstützung von Freunden, Verwandten und Bekannten. Jetzt können Sie frühere Schwächen überwinden und besiegen. Freuen Sie sich darauf!

Bleiben Sie weiterhin standhaft, und achten Sie darauf, dass Ihr Leben nach »einer höheren Bestimmung« ausgerichtet ist. Auch im finanziellen Bereich werden Sie erfreulichen Zuwachs oder Erleichterungen verspüren!

Die 22 als Jahres- oder Ereigniszahl
Ergeben Ihre Berechnungen für ein Jahr die Zahl 22, dann wird in diesem Jahr die Schwingung der Zahl 22 für Sie aktuell werden.
Das von Ihnen errechnete Jahr enthält einige Warnungen: Entweder haben Sie sich in manchen Träumen oder in zu vielen Illusionen verfangen. Sie schleppen einen Rucksack voller Irrtümer mit sich herum, doch Sie wehren sich erst, wenn unmittelbare Gefahr droht. Sie sollten schleunigst aus Ihren Träumen erwachen und keinerlei Selbsttäuschungen pflegen. Bisweilen schweben Sie jetzt in »höheren Regionen« und ziehen deshalb Misserfolge an. Sie schenken meistens Menschen Vertrauen, die es gar nicht wert sind. Jetzt sind höchste Wachsamkeit und Vorsicht geboten.

Machen Sie sich nichts vor: Erwachen Sie aus Ihren Träumen!

Lassen Sie sich nicht von der Dummheit oder Hinterhältigkeit anderer Menschen blenden. Sie sollten jede Form von »spiritueller Faulheit« überwinden und stattdessen »spirituelle Aggressivität« entwickeln. Befehlen Sie Ihre Erfolge und erkennen Sie Ihre eigene Macht, die negativen Dinge des Lebens zu verändern. Nur wenn Sie Ihre persönliche Verantwortung anerkennen und diese richtig beherrschen, können Sie am Ende der Geschehnisse selbst »Herr(in) der Dinge« werden.
Sollten Sie jetzt unschuldigerweise in Rechtsstreitigkeiten verwickelt werden, dann müssen Sie sich zur Wehr setzen. Fordern Sie, dass Gerechtigkeit geübt wird, suchen Sie sich einen guten Anwalt und zeigen Sie mal »Ihre Zähne«. Nur wenn Sie

all dies gelernt haben, können Sie erleben, dass aus Ihren eigenen Ideen und Träumen durchaus Realität werden kann!

Die 23 als Jahres- oder Ereigniszahl
Ergaben Ihre Berechnungen für ein Jahr die Zahl 23, dann wird in diesem Jahr die Schwingung der Zahl 23 für Sie aktuell werden.

Sie können mit Unterstützung im beruflichen und privaten Bereich rechnen.

In diesem Jahr werden sich einige karmische Belohnungen ereignen: Sie erleben Unterstützung, Hilfe und Schutz in allen persönlichen und beruflichen Aktionen, doch Sie werden auch von Vorgesetzten und anderen Autoritäten gefördert. Die Zahl 23 ermöglicht günstige Protektionen von Menschen in einflussreichen Positionen, bewirkt aber auch Erfolge in einer eher geistigen Tätigkeit.

Möglicherweise machen Sie in diesem Jahr sogar eine Erbschaft. Vieles wird jetzt belohnt, das Sie in früheren Inkarnationen an Gutem geleistet haben. Sie erleben die wohltuende Gunst von Verwandten und anderen einflussreichen Beschützern. Zeigen Sie sich würdig und dankbar über diese Gaben des Schicksals, denn Sie werden nicht vielen Menschen und auch nicht andauernd verschenkt.

Es würde sich lohnen, in diesem Jahr des Öfteren die Zahl 23 zu Hilfe zu nehmen (Lottospiel, Adresse, Orte, Telefonnummern, Autokennzeichen und vieles andere mehr) oder alternativ die Zahlen 5, 14, 32, 41 oder 50, damit sich die positive Schwingung Ihrer Glückszahl noch erhöht!

Die 24 als Jahres- oder Ereigniszahl
Haben Sie für ein Jahr die Zahl 24 berechnet, dann wird in diesem Jahr die Schwingung der Zahl 24 (die sich aus Ihrem Geburtstag, Ihrem Geburtsmonat und dem Jahr, dessen Ereigniszahl sie wissen wollen, ergibt) für Sie aktuell werden.

Jahresschicksal

In diesem Jahr werden Sie viele karmische Belohnungen empfangen können. Die Zahl 24 verheißt Glück im Leben oder wohltuende Hilfe und Unterstützung von Gleichgesinnten und Freunden. Auch Ihre Vorgesetzten werden Sie kräftig fördern wollen, denn die Zahl 24 verspricht den Beistand der Mächtigen. Sie können fast sicher sein, dass sich Ihr finanzieller Erfolg dieses Jahr gewaltig steigern lässt. Sie werden aber auch Menschen von hohem Stand oder von hoher Bildung kennen lernen – alles förderlich auf Ihrem weiteren Lebensweg.

Freuen Sie sich auf glückliche Stunden in der Liebe.

Dieses Jahr haben Sie auch das Glück in der Liebe zur Seite, denn Sie besitzen jetzt eine starke Anziehungskraft auf das andere Geschlecht. Die einzige Stolperfalle, die Sie beachten sollten: Hüten Sie sich vor zu viel Selbstherrlichkeit und Arroganz – sowohl in beruflichen, in finanziellen als auch in liebesmäßigen Angelegenheiten. Ein jetziger Missbrauch der Glückszahl 24 kann in späteren Leben zu einer schwierigeren Geburtszahl führen (die man ja nicht verändern kann).

Vermeiden Sie jede Form von Selbstsucht und widerstehen Sie allzu oberflächlichen Versuchungen. Sie sollten auch nicht zu nachsichtig mit sich selbst sein. Wer keinerlei Gleichgültigkeit kultiviert, dem wird durch die Zahl 24 sehr viel Kreativität zufließen, viel Liebe und viel Geld!

Tipp: Wer sich noch intensiver mit dem spannenden Bereich der *Numerologie* (Ihr Geburtsdatum, Ihre komplette Geburtszahl, Ihre Namenszahl) beschäftigen will, sollte sich mein neues Buch über *Zahlenmagie* besorgen. Dort sind viele unterstützende Hilfsmittel besprochen, die Ihr persönliches Glück aktivieren!

Anhang

Ihr Aszendent

Kennen Sie schon Ihren Aszendenten? Der Aszendent (AC) ist das Tierkreiszeichen, das zum Zeitpunkt Ihrer Geburt am östlichen Horizont aufsteigt. Nur mit Kenntnis der genauen Geburtszeit kann man diesen wichtigen Punkt errechnen.

Die Umwelt nimmt eher den Aszendenten als das Sonnenzeichen wahr.

Ihr Aszendent prägt Ihren ersten Eindruck von dieser Welt; er zeigt auch auf, wie andere Menschen Sie wahrnehmen. Ihre Art aufzutreten, ist im Aszendenten erkennbar.

Auch unser Temperament wird stark vom Aszendenten stimuliert und geprägt. Deshalb verhalten wir uns oft anders, als es im Sonnenzeichen beschrieben steht. Der Aszendent beeinflusst neben den rein genetischen Vererbungen aber auch unser Aussehen. Deshalb ist es für Astrologen oft einfacher, den Aszendenten eines Menschen zu erraten als das Sonnenzeichen, das erst nach längerer Unterhaltung durchschimmert. Von großer Bedeutung ist auch der Herrscher des Aszendentenzeichens und seine Position im Geburtshoroskop. Dadurch kann man erkennen, wie dieser Mensch seine Energien am natürlichsten entfalten und ausdrücken kann. Die Mischung aus Sonnenzeichen und Aszendenten enthält viele weitere und äußerst interessante Auskünfte.

Fazit: Es ist spannender als der beste Krimi, in die eigene Seele hinabzusteigen und sich selbst zu erforschen!

Mithilfe der folgenden **Aszendententabelle** können Sie ganz leicht und schnell Ihren Aszendenten selbst errechnen:

1. Suchen Sie in der oberen Leiste Ihren Geburtsmonat und Ihr Geburtsdatum.
2. Suchen Sie in der Tabelle darunter nach Ihrer Geburtszeit.
3. Jetzt können Sie in der gleichen Spalte ganz links Ihren Aszendenten ablesen!

Aszendent

Monat vom bis	Januar 1. 10.	Januar 11. 20.	Januar 21. 31.	Februar 1. 10.	Februar 11. 20.	Februar 21. 28.	März 1. 10.	März 11. 20.	März 21. 31.	April 1. 10.	April 11. 20.	April 21. 30.
♈ Widder	11:50 12:25	11:10 11:45	10:30 11:05	09:50 10:25	09:10 09:45	08:30 09:10	07:55 08:30	07:15 07:50	06:35 07:10	05:55 06:30	05:15 05:50	04:30 05:10
♉ Stier	12:45 13:30	12:00 12:50	11:20 12:05	10:45 11:30	10:00 10:45	09:30 10:10	08:45 09:35	08:05 08:50	07:25 08:15	06:45 07:35	06:05 06:50	05:30 06:10
♊ Zwillinge	13:55 15:10	13:20 14:25	12:35 13:50	11:55 13:10	11:15 12:30	10:35 11:55	10:05 11:15	09:20 10:35	08:40 09:55	08:00 09:15	07:20 08:35	06:35 07:55
♋ Krebs	15:50 17:30	15:10 16:50	14:30 16:10	13:50 15:30	13:10 14:50	12:40 14:20	11:55 13:35	11:15 12:55	10:35 12:15	09:55 11:35	09:15 10:50	08:40 10:20
♌ Löwe	18:20 20:15	17:40 19:35	17:00 18:55	16:20 18:25	15:40 17:35	15:10 17:00	14:25 16:20	13:45 15:40	13:05 15:00	12:25 14:15	11:40 13:40	11:10 13:00
♍ Jungfrau	21:00 22:55	20:20 22:15	19:40 21:35	19:00 20:55	18:20 20:15	17:45 19:35	17:05 19:00	16:30 18:20	15:45 17:50	15:05 17:00	14:30 16:20	13:45 15:35
♎ Waage	23:50 01:45	23:10 01:05	22:30 00:25	21:50 23:45	21:10 23:05	20:30 22:30	19:55 21:50	19:15 21:10	18:35 20:30	17:55 19:50	17:15 19:10	16:30 18:30
♏ Skorpion	02:30 04:25	01:50 03:45	01:10 03:05	00:30 02:25	23:50 01:45	23:20 01:10	22:35 00:25	21:55 23:50	21:15 23:05	20:35 22:25	19:55 21:50	19:20 21:10
♐ Schütze	05:20 07:00	04:40 06:20	04:00 05:40	03:20 05:00	02:40 04:20	02:05 03:45	01:20 03:05	00:45 02:25	00:05 01:45	23:32 01:05	22:45 00:25	22:05 23:45
♑ Steinbock	07:50 09:05	07:10 08:25	06:30 07:45	05:50 07:05	05:10 06:25	04:35 05:45	03:55 05:10	03:15 04:40	02:35 04:15	01:55 03:10	01:15 02:30	00:35 01:45
♒ Wassermann	09:40 10:25	09:00 09:40	08:20 09:05	07:40 08:25	07:00 07:40	06:20 07:10	05:45 06:30	05:05 05:50	04:25 05:10	03:45 04:30	03:05 03:50	02:20 03:10
♓ Fische	11:00 11:35	10:15 10:50	09:35 10:15	09:00 09:35	08:15 08:50	07:45 08:15	07:05 07:40	06:20 06:55	05:45 06:20	05:05 05:40	04:20 04:55	03:45 04:15

Anhang

Monat vom bis	Mai 1. 10.	Mai 11. 20.	Mai 21. 31.	Juni 1. 10.	Juni 11. 20.	Juni 21. 30.	Juli 1. 10.	Juli 11. 20.	Juli 21. 31.	August 1. 10.	August 11. 20.	August 21. 31.
♈ Widder	03:55 04:30	03:15 03:50	02:30 03:10	01:55 02:30	01:15 01:50	00:30 01:05	23:50 00:25	23:10 23:45	22:30 23:05	21:50 22:25	21:10 21:45	20:20 20:55
♉ Stier	04:45 05:30	04:05 04:50	03:30 04:10	02:45 03:30	02:05 02:55	01:20 02:05	00:45 01:30	00:00 00:45	23:20 00:05	22:40 23:25	22:00 22:45	21:15 22:05
♊ Zwillinge	06:00 07:15	05:20 06:15	04:35 05:55	04:00 05:15	03:20 04:35	02:35 03:50	01:55 03:10	01:15 02:30	00:35 01:50	23:55 01:10	23:15 00:30	22:35 23:45
♋ Krebs	07:55 09:35	07:15 08:50	06:40 08:15	05:55 07:35	05:15 06:50	04:30 06:10	03:50 05:30	03:10 04:50	02:30 04:00	01:50 03:30	01:10 02:50	00:25 02:05
♌ Löwe	10:25 12:20	09:40 11:40	09:05 11:00	08:25 10:20	07:40 09:40	07:00 08:55	06:20 08:15	05:40 07:35	05:00 06:55	04:20 06:15	03:40 05:35	02:55 04:45
♍ Jungfrau	13:05 15:00	12:30 14:20	11:45 13:35	11:05 13:00	10:30 12:20	09:40 11:35	09:00 10:55	08:20 10:15	07:40 09:35	07:00 08:55	06:20 08:15	05:30 07:30
♎ Waage	15:55 17:50	15:15 17:05	14:30 16:30	13:55 15:50	13:15 15:10	12:30 14:25	11:50 13:45	11:10 13:05	10:30 12:25	09:50 11:45	09:10 11:05	08:30 10:20
♏ Skorpion	18:35 20:25	17:50 19:45	17:20 19:10	16:35 18:25	15:55 17:10	15:10 17:05	14:30 16:25	13:50 15:45	13:10 15:05	12:30 14:25	11:50 13:45	11:05 13:00
♐ Schütze	21:20 23:05	20:40 22:20	20:05 21:45	19:20 21:05	18:00 20:10	17:45 19:45	17:20 19:00	16:40 18:20	16:00 17:40	15:20 17:00	14:40 16:20	13:55 15:30
♑ Steinbock	23:55 01:10	23:10 00:25	22:35 23:45	21:55 23:10	21:10 22:30	20:30 21:45	19:50 21:05	19:10 20:25	18:30 19:45	17:50 19:05	17:10 18:25	16:20 17:35
♒ Wassermann	01:45 02:30	01:05 01:50	00:20 01:10	23:45 00:30	23:05 23:50	22:20 23:05	21:40 23:25	21:00 21:45	20:20 21:05	19:40 20:25	19:00 19:45	18:10 18:55
♓ Fische	03:00 03:35	02:20 02:55	01:45 02:15	01:00 01:35	00:20 00:55	23:40 00:15	23:00 23:35	22:15 22:50	21:40 22:10	21:00 21:35	20:15 20:50	19:30 20:05

Aszendent

Monat vom bis	September 1. 10.	11. 20.	21. 30.	Oktober 1. 10.	11. 20.	21. 31.	November 1. 10.	11. 20.	21. 30.	Dezember 1. 10.	11. 20.	21. 31.
♈ Widder	19:45 20:20	19:05 09:40	18:20 18:55	17:45 18:15	17:00 17:35	16:20 16:55	15:45 16:20	15:05 15:40	14:25 15:00	13:45 14:20	13:05 13:40	12:30 13:05
♉ Stier	20:40 21:25	19:55 20:40	19:15 20:00	18:30 19:20	17:55 18:40	17:15 18:00	16:40 17:25	16:00 16:45	15:15 16:05	14:40 15:25	14:00 14:45	13:20 14:05
♊ Zwillinge	21:50 23:00	21:10 22:25	20:25 21:40	19:50 21:00	19:05 20:20	18:25 19:40	17:50 19:00	17:10 18:25	16:35 17:45	15:50 17:00	15:10 16:25	14:35 15:50
♋ Krebs	23:40 01:25	23:05 00:50	22:20 00:05	21:40 23:20	21:00 22:40	20:20 22:05	19:40 21:25	19:05 20:50	18:25 20:05	17:40 19:25	17:05 18:50	16:30 18:10
♌ Löwe	02:15 04:10	01:40 03:30	00:55 02:45	00:20 02:05	23:30 01:25	22:55 00:55	22:05 00:10	21:40 23:30	20:55 22:45	20:15 22:10	19:40 21:30	19:00 20:55
♍ Jungfrau	04:55 06:50	04:15 06:10	03:30 05:25	02:50 04:45	02:10 04:05	01:30 03:25	00:55 02:50	00:15 02:10	23:30 01:30	22:55 00:50	22:15 00:10	21:40 23:35
♎ Waage	07:45 09:35	07:05 09:00	06:20 08:15	05:45 07:35	05:00 06:55	04:20 06:15	03:45 05:35	03:05 05:00	02:30 04:20	01:45 03:35	01:05 03:00	00:30 02:25
♏ Skorpion	10:20 12:25	09:45 11:40	09:00 10:55	08:20 10:15	07:40 09:35	07:00 08:55	06:20 08:15	05:45 07:40	05:05 06:55	04:20 06:15	03:45 05:40	03:10 05:05
♐ Schütze	13:10 14:55	12:35 14:15	11:50 13:30	11:10 12:50	10:30 12:10	09:50 11:30	09:10 10:55	08:35 10:15	07:50 09:30	07:10 08:55	06:35 08:15	06:00 07:40
♑ Steinbock	15:45 17:00	15:05 16:20	14:20 15:35	13:40 14:55	13:00 14:15	12:20 13:35	11:45 13:00	11:05 12:15	10:20 11:35	09:45 11:00	09:05 10:20	08:30 09:45
♒ Wassermann	17:35 18:20	16:55 17:40	16:10 16:55	15:30 16:15	14:50 15:35	14:10 14:55	13:30 14:20	12:50 13:40	12:10 12:55	11:35 12:20	10:55 11:45	10:20 10:05
♓ Fische	18:50 19:25	18:15 18:50	17:30 18:05	16:50 17:25	16:10 16:45	15:30 16:05	14:50 15:25	14:15 14:50	13:30 14:05	12:50 13:25	12:15 12:50	11:40 12:15

Aszendent Widder

Sie spielen gern die erste Geige.

Der Widder-Aszendent sieht das Leben viel stärker als eine Herausforderung, als ein anderes Tierkreiszeichen dies je empfinden könnte. Man will gerne den ersten Platz einnehmen, Anführer eines Rudels sein, Aktionen starten und neue Dinge anreißen. So sind Menschen mit dem Aszendenten Widder in ständiger Unruhe oder zumindest in gespannter Erwartungshaltung, denn: »Wer zu spät kommt, den bestraft das Leben.«

Als Widder-Aszendent sind Sie von Geburt an recht spontan und energiegeladen. Sie besitzen einen großen Wunsch nach Unabhängigkeit und wollen eigene Entscheidungen treffen (außer Sie hätten einen weichen Planeten wie Mond oder Venus am Aszendenten platziert).

Ihr Wille ist stark ausgeprägt und Sie sind auch sehr schnell begeisterungsfähig. Ihre Besuche fallen oft ohne Voranmeldung aus und auch Ihre Mimik und Gestik sind ständig in Bewegung.

»Wo ein Wille ist, ist auch ein Weg«, zählt zu Ihren Mottos.

Bisweilen reagieren Sie jedoch viel zu impulsiv und handeln dann so energisch, dass Sie Ihre Umgebung und die Mitmenschen damit vor den Kopf stoßen. Ihr Wille und Ihre Entschlusskraft sind andererseits oftmals eine Garantie für das Gelingen. Entweder neigen Sie selbst zu kleinen Verletzungen oder aber Sie sorgen für Bewegung und Unruhe in Ihrer Umgebung: Dann fallen manchmal ein paar Gläser oder andere Gegenstände Ihnen selbst oder anderen Menschen aus der Hand, sobald Sie den Raum betreten, denn: »Wo gehobelt wird, da fallen Späne.«

Sie sollten Ihre angeborene Power immer wieder sportlich

abreagieren, denn Ihr Körper produziert vermehrt Adrenalin. Ein Widder, der sich nicht ständig körperlich abreagiert, geht sonst anderen Menschen mit seiner überschießenden Energie und Unruhe auf die Nerven.

Sehr oft schwärmen Widder-Aszendenten für schnelle Autos (wie zum Beispiel Michael Schumacher, AC Widder, geb. 3.1.1969) und wollen natürlich solch einen flotten Flitzer besitzen. Dafür geben sie relativ schnell und unbedenklich ihr Geld aus, doch auch hier sind kleine Karambolagen keine Seltenheit!

Durchstarten heißt Ihr Motto.

Sie überlegen nicht so lange wie ein typisches Erdzeichen (Stier, Jungfrau oder Steinbock), sondern stürmen voller Elan und Tatendrang drauflos, denn: »Was du heute kannst besorgen, das verschiebe nicht auf morgen.« Selbst wenn der Widder-Aszendent noch gar nicht weiß, wohin die Richtung gehen soll – »starten« ist seine Devise. Dass man dabei andere bisweilen über den Haufen rennt oder beiseite drängt, nimmt er im Eifer des Gefechts oft gar nicht wahr. Dann ist er ganz erstaunt, dass manche Mitmenschen beleidigt reagieren oder ihn für ziemlich rücksichtslos halten. Es fehlt ihm einfach ein bisschen Feingefühl für die Bedürfnisse anderer Menschen.

Der Widder-Aszendent ist der geborene Einzelkämpfer, doch er will auch lieben. Seine wilde Entschlossenheit, sein Mut, seine Durchsetzungskraft zeigen sich in forschem Auftreten, in heftigen Bewegungen und in einem flotten Laufschritt.

Meistens verläuft auch die Geburt eines Widder-Aszendent-Babys ganz plötzlich und schnell. Dem Widder pressiert's schon am ersten Tag, damit er ja nichts verpasst. Trotzdem oder gerade deswegen ist die Lebensaufgabe eines Widder-Aszendenten, mehr Rücksichtnahme, mehr Geduld, bewusstes Handeln zu lernen und Kompromisse zu suchen.

Ihr sechstes Haus (Gesundheit) steht in der *Jungfrau*. Wichtig ist deshalb, Ihre Gefühle und Bedürfnisse auszudrücken und sich dabei nicht unterzuordnen. Gehen Sie fürsorglich mit Ihrer Gesundheit um, doch sorgen Sie sich nicht zu sehr. Reinigungsdiäten oder Fastenkuren sind von Zeit zu Zeit sehr hilfreich!

Widder ist Herrscher von Haus eins

Hier zeigt sich Ihr Image.

Hier geht es um unsere Selbstdarstellung, um unser Ego, um die Ansprüche und das Verhalten des Ich, um unser Geltungsstreben. In diesem Haus zeigt sich die Person, wie sie anderen erscheint, wie sie auf andere zugeht, und hier erfahren wir unser Image. Stehen Planeten in diesem Haus, dann erleben wir diese Lebensbereiche besonders deutlich!

Aszendent Stier

Das Tempo des Auftretens mäßigt sich beim Stier, denn: »Gut Ding will Weile haben.« So lässt er sich auch bei der Geburt etwas Zeit und startet sein Leben langsam, denn er geht lieber »auf Nummer sicher«. Dort, wo es geschützt und gemütlich ist, lässt er sich gerne nieder. Die Freuden des Lebens gefallen ihm, denn: »Essen und Trinken hält Leib und Seele zusammen.«

Sie wirken vertrauensvoll und sind charmant.

Er hat ein gutes Gefühl für Formen und Geschmack sowie eine Vorliebe fürs Geld. Ein Stier-Aszendent strahlt meistens Wärme und innere Zufriedenheit aus. Er kann geduldig und lange auf einen günstigen Moment warten. Unermüdlich arbeitet er an seinen wichtigen Zielen und so schnell bringt ihn nichts aus der Ruhe.

Was er besitzt, lässt er nicht mehr los. Das bringt einerseits Beständigkeit und Besitz (»My home is my castle«) in sein Leben, doch andererseits macht es den Stier-Aszendenten etwas schwerfällig gegenüber wichtigen Veränderungen. Die Macht der Gewohnheit lässt ihn bisweilen sogar recht unflexibel und stur werden. Als äußeres Erscheinungsbild ist oft der breite Stiernacken vorzufinden oder eine etwas rundliche Statur.

Bei Ihren Mitmenschen erwecken Sie schnell Vertrauen durch Ihre besonnene Art und Ihren Realitätssinn. Aber Sie sind auch höflich und besitzen eine Portion Charme, denn Ihre Herrscherin *Venus* schenkt Ihnen diese Gaben ohne jegliche Anstrengung: »Die süßesten Kirschen sind die aus Nachbars Garten!«

Sie handeln lieber nach altbewährten Methoden, als Neues auszuprobieren. Man könnte Sie bisweilen als stur oder verstockt bezeichnen, doch die schönen Dinge dieser Welt verlieren Sie nie ganz aus den Augen (Liebe, Erotik und sinnliche Genüsse aller Art). Trotzdem halten Sie in schweren Zeiten lange durch und sind »krisenfest«.

Bisweilen neigen Sie aber auch zu Unnachgiebigkeit oder Verschlossenheit, vor allem wenn Ihre ureigensten Interessen angegriffen oder infrage gestellt werden.

Sie lieben die Natur. Sie handeln gern nach bewährten Methoden, was Sie in Ihren Reaktionen bisweilen etwas langsam macht. Sie werden wohl ein eher gemäßigtes Tempo in allen Angelegenheiten des Lebens vorlegen (Ausnahme: *Mars* im Widder oder *Mars-Uranus*-Aspekte). Positiv gelebt besitzen Sie viel Natürlichkeit und der Kontakt mit der Natur ist zum Aufladen Ihrer Kräfte segensreich. Was Sie ärgern kann, ist die Tatsache, dass oft »die dümmsten Bauern die größten Kartoffeln ernten«!

Die Lernaufgabe des Stier-Aszendenten wäre das Loslassen von unnützem Ballast, von Gier und die tiefere Auseinandersetzung mit dem Leben. Meist finden sich Neptun-, Uranus- und Pluto-Spannungsaspekte im eigenen Geburtshoroskop, die diese Aufgabe unterstützen. »Lerne mehr Beweglichkeit in allem«, lautet die Aufgabe. Ihre Geburtsherrscherin *Venus* stimuliert Ästhetik und Harmonie; so kann ein Stier-Aszendent über die Liebe und durch schöpferische Aktivitäten diese Lernaufgaben leichter bewältigen. Unser Dasein pulsiert im Stirb und Werde. Dadurch bleibt es lebendig – genau das sollte ein Stier-Aszendent in diesem Leben lernen.

Venus herrscht auch über Ihr sechstes Haus (in der Waage), und so tun Ihnen Wellness-Wochenenden in einem Gesundheitshotel recht gut. Analysieren Sie immer Ihre Partnerschaft, arbeiten Sie an einer guten Beziehung. Lassen Sie »es« hier nicht schleifen. Aber auch schöne Musik oder die Künste (als Hobby) unterstützen kräftig Ihre Heilung und Gesundheit!

Stier ist Herrscher von Haus zwei

Hier geht es um Besitz, um Substanz, um Raumansprüche, um den eigenen Energiehaushalt, die Vorratssicherung, um unsere Talente, unsere finanziellen Mittel, um unser Vermögen, um den Selbstwert und die Selbstverteidigung. Sind Planeten in diesem Haus, dann erleben wir diese Bereiche besonders deutlich!

Hier geht es um Ihren Besitz und Ihre Talente.

Aszendent Zwillinge

Die Neugierde ist eine seiner wichtigsten Antriebe. Kaum die Welt betreten, war der Zwillinge-Aszendent schon ganz entzückt von den vielen Eindrücken, die diese ihm bot. »Sich regen bringt Segen«, gehört zu seinem Motto. Alles ist äußerst interessant, was um ihn herum geschieht. Deshalb kann er sich nur schwer für eine Sache entscheiden, weil ihm dann andere Dinge möglicherweise durch die Finger gleiten.

Sie legen sich ungern fest und sind äußerst vielseitig.

Das führt natürlich oft zwangsläufig zur Zersplitterung, zur Rastlosigkeit oder zu manchen Oberflächlichkeiten. Der Zwillinge-Aszendent nimmt die Welt erst mal durch geistige Wahrnehmung auf. So vernachlässigt er seine emotionalen, gefühlsmäßigen oder körperlichen Bedürfnisse. All das erscheint ihm nämlich ein wenig diffus oder einschränkend gegenüber seiner geistigen Freiheit. Deshalb legt er sich ungern fest, hält sich in zwischenmenschlichen Beziehungen mit Vorliebe ein paar Türen offen und hat bisweilen Terminprobleme.

Als Zwillinge-Aszendent wirken Sie auf Ihre Mitmenschen äußerst beweglich und vielseitig. Manche werfen Ihnen sogar vor, Ihre Vielseitigkeit sei unberechenbar. Neugierig und aufgeschlossen gehen Sie auf Menschen oder Aufgaben zu und widmen sich Ihren Interessen.

Ihre markantesten Eigenschaften sind Ihre Kontaktfreude und -fähigkeit sowie Ihre große Aufgeschlossenheit vielen Dingen gegenüber. Sie reden oder schreiben gern und sind an allen Neuigkeiten in dieser Welt interessiert. Denken Sie aber auch an das Sprichwort: »Reden ist Silber, Schweigen ist Gold.« Die Telekom freut sich sicher über die monatliche Abrechnung, denn Zwillinge-Aszendenten telefonieren oft, gerne und lange!

Aszendent

Sie beobachten alles und ziehen sämtliche Möglichkeiten in Erwägung. Dies führt allerdings auch wieder dazu, dass Sie sich des Öfteren nicht entscheiden können. Ihre Schnelligkeit und Beweglichkeit ermöglichen Ihnen rasche Reaktionen. Als Zwillinge-Aszendent können Sie gut vermitteln, stellen gerne Verbindungen zwischen den Menschen her und geben auch all Ihr Wissen (oder Ihre Neuigkeiten) bereitwillig an andere weiter, denn Ihr Geburtsherrscher ist *Merkur.* Diese Planetenenergie befähigt zur gedanklichen Kombination der Erkenntnisse. Mit ihm wollen wir lernen, Informationen und Wissen sammeln und diese in Worte und Begriffe fassen. Diese rein intellektuellen Fähigkeiten sind jedoch nicht mit Weisheit (*Jupiter,* Haus neun) gleichzusetzen!

Kommunikation und Medien sind elementar für Sie.

Kommunikation und Medien spielen bei Ihnen eine sehr große Rolle. Zwillinge-Aszendenten ohne Telefon, Video, Radio oder CD-Player werden gemütskrank.

Als Zwillinge-Aszendent beobachten Sie gern und dadurch öffnen sich Ihnen eine Vielzahl von Möglichkeiten. Allerdings haben Sie auch Probleme mit klaren Entscheidungen, denn Ihre Interessen und Neigungen sind weit gestreut. Wie könnte man sich für eine Sache entscheiden, wenn man dadurch andere Möglichkeiten kurzzeitig aufgeben müsste?

Andere Menschen halten Sie vielleicht für zu oberflächlich.

Die körperliche Erscheinung eines Zwillinge-Aszendenten ist meistens recht feingliedrig und jugendlich (auch im Alter). Franz Beckenbauer beweist uns das, Steffi Graf, Henry Kissinger oder Louis de Funès (alle besitzen einen Zwillinge-Aszendenten).

Sie haben ein Gespür für Details, verlieren sich aber oft darin oder sehen den Wald vor lauter Bäumen nicht mehr. Die Flut an Informationen überspült Sie oft und schnell verlieren Sie dann Ihren Blick für die höheren beziehungsweise tieferen Erkenntnisse.

Diese gewinnt man nur in der Stille, wenn man sich vom hektischen Alltag zurückzieht. Nur dann kann man den Blick für einen größeren Zusammenhang schärfen. »Ein Ganzes ist mehr als die Summe seiner Teile«, wäre ein passender Lernschritt für den Zwillinge-Aszendenten. Meiden Sie jegliche Oberflächlichkeit, und lernen Sie, sich beeindrucken zu lassen und die Synthese zu finden.

Folgen Sie Ihrem eigenen Weg.

Beim Zwillinge-Aszendenten steht das sechste Haus (Gesundheit) im Zeichen *Skorpion.* Sie sollten immer hinterfragen, ob es auch wirklich Ihr eigener Weg ist, dem Sie folgen. Womöglich dienen Sie fast unbemerkt einem fremden oder alten Sippenmuster. Falls Verstopfung oder Darmprobleme auftauchen, dann sollten Sie sich fragen, was Sie nicht loslassen können. Im Falle einer Krankheit brauchen Sie intensive Heilungsprozesse, denn da hilft keine sanfte Badekur. Selbsterfahrungen sind förderlich, verschiedene psychotherapeutische Behandlungen, die alles Unbewusste ins Bewusstsein holen und tiefe energetische Blockaden lösen!

Zwillinge ist Herrscher von Haus drei

Hier bilden wir uns, entwickeln unsere Lernfähigkeit, unsere Sprache, unsere Kultur und das Kollektive. Hier werden Denknormen übermittelt. Planeten im dritten Haus zeigen unsere natürlichen Kontakte auf, unsere Verwandtschaft, die Nachbarn und unsere Geschwister. Sind Planeten in diesem Haus, dann erleben wir diese Bereiche besonders deutlich!

Aszendent Krebs

Der Krebs-Aszendent nimmt seine Welt vor allem emotional wahr. Seine Feinfühligkeit für das ihn umgebende Umfeld macht ihn auch äußerst empfindsam für die Bedürfnisse anderer Menschen. Zugleich setzt er sich damit einer ständigen Gefahr aus, verletzt zu werden. Deshalb will er nicht vorwärts drängen, sondern krebst lieber seit- oder rückwärts, damit ihn kein anderer umrennen kann. Auch von der eigenen Empfindsamkeit wird er bisweilen förmlich überwältigt. Beim Krebs-Aszendenten spielt der Einfluss des *Mondes* eine starke Rolle, der die Gefühlsnatur stimuliert und je nach Zeichen, Haus und seinen Aspekten unseren Kontaktwunsch, unser Bedürfnis nach Zärtlichkeit, Verständnis und unsere seelische Geborgenheit symbolisiert.

Sie sind äußerst empfindsam und stehen unter dem Einfluss des Mondes.

Als Krebs-Aszendent reagierten Sie schon bei der Geburt sehr sensibel auf aggressive, bedrohliche oder störende Einflüsse von außen. Ganz schlimm ist es für Sie, wenn geliebte Personen Ihnen gegenüber eine mangelnde Zuwendung zeigen. Wechselnde Stimmungen (Mond = Luna = Launen) überschwemmen Ihre Gefühlslage. Wenn Sie sich davor gar nicht mehr retten können, ziehen Sie sich zurück, um einer Überflutung Ihres melancholischen Temperaments zu entgehen. Passende Sprichwörter für den Krebs wären: »Der Apfel fällt nicht weit vom Stamm« oder »Aufgeschoben ist nicht aufgehoben«! Äußerlich weist ein Krebs-Aszendent (auch Hans-Dietrich Genscher, 21.3.1927) meistens weiche Gesichtszüge (mondförmig) oder einen eher rundlichen Körper auf.

Andere Menschen fühlen sich durchaus hingezogen zu Ihrer fürsorglichen Art und vertrauen Ihnen gerne ihre Sorgen und Nöte an. Ein Aszendent Krebs geht nie gerne und direkt auf die Dinge zu, sondern er bevorzugt seinen typischen Krebs-Gang (Umwege, etwas seit- oder rückwärts) oder drei Schritte vor und zwei zurück. Sie bleiben sehr lange Ihrer kindlichen Unschuld treu und oft ein Leben lang den Eltern seelisch stark verbunden (im positiven als auch im negativen Sinne). Ihre Erinnerungen aus der Kindheit sind für Sie realer als Ihre zukünftigen Möglichkeiten. So lebt der Krebs oft mehr in der Vergangenheit und ist weniger an der Zukunft interessiert.

Entwickeln Sie mehr Mut zum eigenen Ich.

Sie halten sich lieber an vertraute Methoden (und Menschen) und am wohlsten fühlen Sie sich dort, wo Sie seelische Geborgenheit empfinden (»Trautes Heim, Glück allein!«). Dann öffnen Sie sich und zeigen Ihr Mitgefühl, das liebe Menschen gerne in Anspruch nehmen dürfen. Sie sind meist nur in einer Stimmung, die Ihnen voll entspricht, und dort, wo Sie sich auch gefühlsmäßig wohl fühlen, kontaktfreudig. Ansonsten wirken Sie ein bisschen scheu und reserviert. Ihre sehr empfindsame Veranlagung ermöglicht es Ihnen, Ihre Mitmenschen schnell zu verstehen. Der Nachteil daran ist Ihre geringe Frustrationstoleranz. Schnell sind Sie verletzt und reagieren darauf beleidigt mit Rückzug.

Sie brauchen öfter mal eine kleine Ruhepause, um sich zu regenerieren. Ihre emotionale Sicherheit erhalten Sie sich durch vorsichtiges Festhalten an gewohnten Verhaltensweisen, an Erziehungsmustern oder an gesellschaftlichen Konventionen. Dies liefert Ihnen den für Sie notwendigen Schutz vor Verletzungen. Die eigene Wohnung und die Familie spielen eine große Rolle für Ihre psychische Stabilität. Sind Sie ein Feuer- oder Erdzeichen mit Krebs-Aszendent, so könnten Sie durch berufliche Aktivitäten und den daraus resultierenden Erfolgen so manche seelische Unsicherheit oder Stimmungsschwankung des Krebs-Aszendenten wettmachen.

Die Lernaufgabe Ihres Krebs-Aszendenten ist, sich eine stabilere Schale zuzulegen, damit Sie sich besser schützen und abgrenzen können. Dann werden Sie auch mutiger in der Außenwelt auftreten. Sie sollten andere nicht durch Ihre Empfindsamkeit manipulieren (auch Selbstmitleid führt zu nichts), sondern mehr Mut zum eigenen Ich entwickeln. »Lerne mehr Selbstständigkeit im Auftreten«, ist Ihre Lebensaufgabe.

Beim Krebs-Aszendenten befindet sich im sechsten Haus (Gesundheit) das Zeichen *Schütze*. Sie sollten wissen, dass Gesundheit wichtig ist, um sich selbst zu entwickeln. Ab und zu eine Auslandsreise und alle nichtheimischen Arzneien, Tees, Kräuter etc. tun Ihnen echt gut. Wie wär's mal mit einer ayurvedischen Kur?

Lernen Sie, sich abzugrenzen.

Krebs ist Herrscher von Haus vier

Dieses Haus enthält das Kollektiv, symbolisiert die Zugehörigkeit zu einer Familie, zeigt unsere Herkunft, unsere Heimat und unsere Mutterbeziehung auf. In diesem Haus sind wir mit den Traditionen verbunden, hier empfinden wir ein Nestgefühl, eine Heimatverbundenheit oder entwickeln unser Urvertrauen. Sind Planeten in diesem Haus, dann erleben wir diese Bereiche besonders deutlich!

Aszendent Löwe

Selbstverständlich weiß ein Löwe-Aszendent schon bei der Geburt, dass die Welt förmlich auf ihn gewartet hat und dass er etwas ganz Besonderes ist, doch er sollte daran denken: »Es ist nicht alles Gold, was glänzt!«

Sie besitzen sehr viel Kreativität.

Er fühlt sich oft und gern als Mittelpunkt des Geschehens und zieht, wenn es sein muss, sogar mit Gebrüll die Aufmerksamkeit des Publikums auf seine Person. Da er fest von seiner eigenen Wichtigkeit überzeugt ist (Vorsicht: »Eigenlob stinkt!«), begegnet er unserer Welt selbstsicher. Als Strahlemann/-frau empfängt der Löwe-Aszendent dann auch die entsprechend große Beachtung oder den Respekt seiner Umgebung. Die meisten seiner Handlungen sind deshalb auf Wirkung, auf Anerkennung oder auf Beifall ausgerichtet, und so stellt sich ein Löwe-Aszendent auch gerne zur Schau. Giorgio Armani (11.7.1934) hatte ebenfalls einen Löwe-Aszendenten, aber auch Richard Burton oder Maurice Chevalier profitierten von dieser angeborenen königlichen Ausstrahlung.

Ein Löwe-Aszendent ist ungeheuer kreativ. Sein Auftreten oder seine Erscheinung ist einfach nicht zu übersehen. Meist wirkt er attraktiv auf andere; sein stolzer und selbstbewusster Gang und sein Strahlen im Gesicht zeugen davon. Viele besitzen sogar noch eine auffallende Löwenmähne, doch alle eignen sich für Führungs- oder Repräsentationsaufgaben.

Der Löwe-Aszendent erhöht Ihr Charisma und Sie strahlen eine natürliche Autorität aus. Ihre Anstrengungen sind mehr auf die großen Dinge gerichtet. Sie möchten alles, was Sie tun, aus Überzeugung tun können und verachten kleinliche Charaktere und Verhaltensweisen. Sie zeigen Ihre Abneigung ganz deutlich, denn blöde oder unbedeutende Personen strafen Sie mit königlicher Nichtbeachtung. Neigen Sie eher zum Angriff, dann ist Arroganz Ihre Waffe, doch denken Sie daran: »Arroganz ist das Selbstbewusstsein des Minderwertigkeitskomplexes!« Es ist deshalb wichtig, dass Sie sich durch Ihre Leistungen das Umfeld schaffen, in dem Sie im Großen wirken können. Sonst wäre nur Platz für Prahlerei und erborgte Allüren, aber: »Hochmut kommt meist vor dem Fall.« Allerdings bestehen wenig Zweifel, dass es Ihnen gelingen wird, die Sphäre von Größe und Freiheit zu sichern, um sich wohl fühlen zu können.

Sie haben schauspielerisches Talent.

Sie besitzen von Natur aus schauspielerische Talente, die Sie bei Ihrem Auftreten und in Ihrer Wirkung auf andere einsetzen. Leider sind bisweilen auch theatralische Auftritte in diesem Repertoire mit enthalten!

Alles dreht sich meist um Sie selbst, doch oft sehen Sie die Welt zu sehr als Bühne, auf der man seinem persönlichen Geltungsbedürfnis nachkommt. Dann sind Sie nicht sensibel und offen genug für die Wünsche und Bedürfnisse anderer. Negativ bestrahlt stellt ein Löwe-Aszendent seine angeborene Autorität in den Dienst der eigenen Selbstverherrlichung. Positiv bestrahlt beschützt er all seine Lieben und wird seine großzügige Ader zeigen. Wen er liebt, der steht unter seinem persönlichen Schutz (wie auch im Tierreich).

Die *Sonne* ist seine Impulsgeberin. Sie stimuliert die Qualität des Selbstbewusstseins. Sie schenkt uns Lebensenergie und ihre Kraft steuert unseren Willen und unsere Lebensziele.

Das polare Zeichen *Wassermann* könnte Sie daran erinnern, dass reine Selbstverwirklichung nicht unbedingt auf Kosten anderer gehen muss, denn einen Teil davon kann man sehr gut für gemeinschaftliche oder humanitäre Ziele einsetzen. »Lerne zu differenzieren.« Wer nämlich so viel königliche Huldigung und Aufmerksamkeit für sich selbst in Anspruch nimmt (»Vermeide jeden Stolz«), sollte im Gegenzug auch seine königlichen Pflichten (Dienst am Nächsten) erfüllen, denn ein König ist in erster Linie »der oberste Diener seines Volkes«.

Beim Löwe-Aszendenten befindet sich das Zeichen *Steinbock* im sechsten Haus (Gesundheit). Sie sollten deshalb volle Verantwortung für Ihre Gesundheit übernehmen. Doch der Löwe-Aszendent hat dafür wenig Interesse. So werden kleine Beschwerden gerne verdrängt. Wichtig wäre für Sie, in der Gesundheitsvorsorge diszipliniert und konsequent zu sein. Traditionelle Heilweisen wirken bei Ihnen besonders gut, alternative Methoden dafür weniger. Sie brauchen auch in der Therapie feste Strukturen, dann geht es Ihnen bald besser!

Gesundheit ist ein wichtiges Thema für Sie.

Löwe ist Herrscher von Haus fünf
Hier zeigt sich unsere Spielwiese, hier erproben wir uns selbst, hier experimentieren wir und entwickeln Risikofreude. Dazu gehören künstlerischer Ausdruck, der Einsatz von Talenten, Freizeitvergnügungen, das Imponiergehabe und die Erotik. Und natürlich auch die biologischen Resultate dieser erotischen Vergnügungen. Sind Planeten in diesem Haus, dann erleben wir diese Bereiche besonders deutlich!

Aszendent Jungfrau

Durch den Jungfrau-Aszendenten sind Sie von Natur aus eher vorsichtig und zurückhaltend, sowohl anderen wie auch sich selbst gegenüber kritisch eingestellt. Sie suchen nach Perfektion (z. B. in der Arbeit, zu Hause, in einem Wissensgebiet) und möchten keine leeren Versprechungen abgeben. So bleiben Sie lieber im Hintergrund, bis Sie Ihre Umgebung genau beobachtet haben (»Vorsicht ist die Mutter der Porzellankiste«). Nur wenn es aus sachlichen oder fachlichen Gründen gerechtfertigt ist, treten Sie in Erscheinung.

Es fällt Ihnen leichter, etwas für andere als für sich selbst zu fordern.

Es fällt Ihnen wesentlich leichter, zugunsten einer Sache oder eines Schwächeren Ansprüche zu stellen als für sich selbst. Ein Jungfrau-Aszendent nimmt meistens seine persönlichen Anliegen und Wünsche zu wenig wahr oder traut sich nicht, konkret etwas zu fordern.

Schon bei der Geburt war der erste Eindruck eine eher nüchterne Bestandsaufnahme. Die Frage nach Nützlichkeit und Produktivität in allen Angelegenheiten ist für Sie von großer Bedeutung. Sie erleben sich als Rädchen einer großen Maschinerie und deshalb stellen Sie persönliche Bedürfnisse leider oft zurück. Sie sind krisenerprobt und problemfest. Auch Helmut Schmidt (23.12.1918) bewies häufig genug seinen schier unermüdlichen Arbeitseinsatz und sein Fachwissen.

Sie wollen Ihre Aufgaben optimal erfüllen und beachten übervorsichtig jedes Detail (»Wer den Pfennig nicht ehrt, ist des Talers nicht wert!«). Dadurch wirken Sie bisweilen zu perfektionistisch oder fast bürokratisch.

Ein Jungfrau-Aszendent ist meist von klassischer Schönheit. Auffallend sind wohlgeformte Körperkonturen (außer Sie haben zum Beispiel Jupiter im ersten Haus oder eine genetisch bedingte Veranlagung zu körperlicher Fülle). Der kritisch-prüfende Blick ist Teil Ihrer Ausstrahlung, denn Sie können glänzend analysieren und gut beobachten. Ihnen entgeht kein noch so winziges Detail einer Person oder Sache.

Der Jungfrau-Aszendent ist kein Draufgänger, Abenteurer oder Sprücheklopfer. Sie werden ohnehin immer wieder von großen Ängsten geplagt. Wenn diese dazu führen, dass Sie sich emotional dem Leben gegenüber verschließen, dann werden Sie starr und unflexibel, was sich nach einiger Zeit auch in der Körperhaltung widerspiegeln wird. Durch Fleiß, unermüdlichen Arbeitseinsatz und durch Geschäftigkeit versuchen Sie stets dem Unausweichlichen, Unkontrollierbaren oder dem Chaos in allem zu entkommen.

Sie sind ein glänzender Beobachter.

Ein Jungfrau-Aszendent bräuchte noch ein paar feurige oder luftige Elemente, damit er sich nicht als Opfer degradiert. *Merkur* ist Geburtsherrscher der Jungfrau. Er ist die Energie, die wir zum Lernen, zum Kommunizieren und zum Entwickeln eines gesunden Intellekts benötigen. Gerade das Gegenzeichen *Fische* könnte den Jungfrau-Aszendenten immer wieder daran erinnern, dass es zwischen Himmel und Erde Dinge gibt, die man nicht messen, zählen, wiegen oder gar begreifen kann. »Lerne zu vertrauen und vermeide zu viel Skepsis.« Der Lernschritt des Jungfrau-Aszendenten wäre, mehr Hingabe und Mitgefühl zuzulassen und auch den »unordentlichen« Aspekten des Lebens mutiger zu begegnen.

Das Zeichen *Wassermann* befindet sich in Ihrem sechsten Haus (Gesundheit). Normale Gesundheitstherapien sprechen bei Ihnen nicht an. Sie benötigen ungewöhnliche Heilweisen, die noch nicht von den Schulmedizinern anerkannt werden. Und Sie brauchen gute Freunde oder eine Gruppe Gleichgesinnter, die Ihnen neue Anregungen liefern werden. Dann fühlen Sie sich wohl!

Aszendent

Jungfrau ist Herrscher von Haus sechs
In diesem Haus geht es um unseren Existenzkampf, die Alltags- und Arbeitsprobleme, um unsere Leistungsbereitschaft, unser soziales Engagement, um den Willen und die Bereitschaft zu dienen und um alle psychosomatischen Prozesse. Sind Planeten in diesem Haus, dann erleben wir diese Bereiche besonders deutlich!

Hier zeigt sich Ihre Leistungsbereitschaft.

Aszendent Waage

Aszendent-Waage-Kinder sind ausgesprochen hübsch – vor allem wenn sie durch Kaiserschnitt auf die Welt kamen. Schon an der Mutterbrust lernte das Aszendent-Waage-Baby sehr schnell, dass sein Lächeln die Erwachsenen verzaubert. So zeigt der Waage-Aszendent immer wieder diese Schokoladenseite, denn das ist sein andauernder »Flirt mit dem Leben«. Keine Angst, der Waage-Aszendent ist deshalb noch lange kein Heuchler oder Falschspieler: Er lächelt meistens, denn seine wohlwollende und friedliche Veranlagung, auf die Mitmenschen zuzugehen, veranlasst ihn dazu.

Sie sind äußerst charmant.

Natürlich verstärkt sich das Schönheits- und Ästhetikempfinden enorm durch diesen *Venus*-Aszendenten. Ihre große Waffe im Kampf des Lebens ist eindeutig Ihr Charme, den Sie jedoch niemals aufdringlich einsetzen werden. Als Luftzeichen können Sie sich nämlich spielerisch leicht all den verschiedenen Situationen anpassen. Aus dem Rahmen fallen Sie ohnehin nicht gerne. Der Waage-Aszendent weist meist wohlproportionierte Rundungen auf; manche davon sind sogar ausgesprochen graziös und feingliedrig wie Balletttänzer. Doch Ihr guter Geschmack in Bezug auf Kleidung, Farben und Formen ist auf jeden Fall stets positiv ausgeprägt.

Sie haben leider kein Fünkchen kämpferisches Feuer in sich (Ausnahme: Ihr *Mars* im Widder und Spannungsaspekte zwischen *Mars* und *Uranus* oder *Mars* und *Pluto*) und deshalb lehnen Sie Aggressionen und Konflikte ab. Sie möchten Ihre Ziele durch Diplomatie und Entgegenkommen erreichen. Die rohe Ellbogenmentalität eines Widders stößt Sie förmlich ab.

Ihre Kompromissbereitschaft ist enorm groß, doch Ihre Entscheidungsschwäche beschert Ihnen immer wieder eine Art

»Handlungsunfähigkeit«. Auch David Bowie, Alain Delon, John F. Kennedy und Caterina Valente besitzen oder besaßen einen Waage-Aszendenten.

Sie sind stets bemüht, mit allen Menschen in Frieden zu leben. Eine aggressive oder disharmonische Umgebung kann Ihr ganzes Wesen aus dem Gleichgewicht bringen. Sie empfinden dann ein fast zwanghaftes Bedürfnis, auszugleichen, zu vermitteln oder andernfalls zu gehen, doch auch hier spüren Sie: »Wer die Wahl hat, hat die Qual!«

Durch Ihre Kontaktfähigkeit und Ihre Liebe zur Geselligkeit finden Sie immer wieder neue Verbindungen und stellen vielseitige Kontakte her. Ihre geistvolle Lebenseinstellung und Ihr Charme wecken bei anderen viel Sympathie und Zuneigung. Deshalb werden Sie selten wirklich alleine sein.

Das Gegenzeichen *Widder* fordert Sie quasi heraus, sich in Ihren Beziehungen mit anderen zu messen. Daher sollten Sie lernen, Ihre Standpunkte auch mal offensiv zu vertreten.

Eine harmonische Umgebung bringt Sie wieder ins Gleichgewicht.

»Lerne, dich zu entscheiden!« ist eine ganz wichtige Lebensaufgabe des Waage-Aszendenten. Dazu muss man die hohen Ideale von ewigem Frieden, von andauernder Gerechtigkeit kurzzeitig zurückstellen, jede Unehrlichkeit vermeiden und sich in dieser unperfekten Welt ganz engagiert einsetzen. Frommes Wunschdenken hilft hier genauso wenig wie konfliktscheue Vermeidungsstrategie. Mit Beschönigungen kann man über all das Unangenehme in der Welt nicht hinwegsehen. Mehr Mut zum eigenen Ich und zum Selbstausdruck ist Lernschritt des Waage-Aszendenten.

Das sechste Haus (Gesundheit) steht bei Ihnen im Zeichen *Fische*. Das macht Sie empfänglich für sehr feinstoffliche Heilmethoden, wie zum Beispiel Aura Soma, Bach-Blüten, Homöopathie und Spagyrik. Durch Allopathie werden Sie dagegen oft kränker. Zum Wohlfühlen brauchen Sie auch ein wenig

Meditation, Religion oder die Beschäftigung mit den spirituellen Geisteswissenschaften, dann geht's Ihnen prima!

Versuchen Sie es einmal mit Meditation und spirituellen Heilweisen.

Waage ist Herrscherin von Haus sieben

Hier geht es um unser Streben nach Ergänzung, um die Öffnung zum »Du«. Beziehungen und Ehe sind im siebten Haus symbolisiert, aber auch unser Kontaktverhalten, unsere Bindungen, geschäftliche Partnerschaften und Verträge. Sind Planeten in diesem Haus, erleben wir diese Bereiche besonders deutlich!

Aszendent Skorpion

Der Skorpion-Aszendent weiß schon von klein auf, dass unsere Welt kein sicherer Ort ist. Instinktiv begreift er, dass er dieses geschenkte Leben ganz schnell wieder verlieren kann. Schon die Geburt war für einen Skorpion-Aszendenten oder dessen Mutter ein Kampf um Leben und Tod, denn bei ihm heißt es oft: »Ein Unglück kommt selten allein.«

Sie haben das Bedürfnis nach intensiven Erlebnissen.

Er unterscheidet im späteren Leben gern zwischen »Schwarz und Weiß«, »Freund und Feind«. Schon früh entwickelt er deshalb ein Bedürfnis nach ganz intensiven Erlebnissen. Er wird es nicht zeigen, doch er ist extrem eifersüchtig. Vergessen sollte er jedoch nie: »Eifersucht ist eine Leidenschaft, die mit Eifer sucht, was Leiden schafft!«

Tief innen sind Sie davon überzeugt, dass Sie sich nur durch Kontrolle und Macht im Lebenskampf behaupten können.

Der Nachteil dabei ist, dass Sie vor lauter Kontrollzwang, Misstrauen oder Machtbedürfnis blind werden können für die doch sehr erfreulichen Seiten des menschlichen Daseins. Der Skorpion-Aszendent wirkt im Auftreten irgendwie unnahbar. Diesen Schachzug setzen Sie bewusst ein, damit andere Ihnen nicht gleich in die Karten schauen. So wirken Sie mitunter harmlos, auf andere jedoch unwiderstehlich oder gar faszinierend, doch andere wiederum schreckt das förmlich ab.

Rein äußerlich besitzt der Skorpion-Aszendent recht markante Gesichtszüge und meist einen durchdringenden Blick. Er geht nicht offensiv auf andere zu, denn auf diese Weise kann er sie besser kontrollieren. Im günstigsten Moment fährt er dann seinen Stachel aus, doch er sollte daran denken: »Wer anderen eine Grube gräbt, fällt manchmal selbst hinein!«

Sein Herrscher ist *Pluto,* Herr über unser Unterbewusstsein.

Pluto ist das Bild des höheren Selbst, der geistige Wille oder die Kern- und Motivationskraft, die wandelnd und transformierend wirkt. Er demaskiert alles, zerstört alte Konzepte, Über-Ich-Formen und bewirkt Metamorphose. Er steht für »Stirb und werde«, »Tod und Auferstehung«!

Als Skorpion-Aszendent sind Sie engagiert und gleichzeitig kompromisslos. Ausdauer und Entschlossenheit gehören zu Ihren Stärken. Kaum jemand bemerkt Ihre innere Verletzlichkeit und Ihre Überlebens- oder Verlustängste. Viel eher hat sich herumgesprochen, dass Sie ein gefürchteter Gegner sind. Der Ruf des Skorpion-Aszendenten ist denkbar schlecht. Sie besitzen das Gedächtnis eines Elefanten, wenn es um frühere emotionale Verletzungen geht. Eines Tages werden Sie sich dafür rächen, denn Sie können lange auf den günstigsten Moment warten, denn: »Wer zuletzt lacht, lacht am besten.« Im persönlichen Kontakt wirken Sie verschlossen, zurückhaltend oder beobachtend, bis Sie die Situation überblicken.

Meisterhaft beherrschen Sie all Ihre Reaktionen und keiner sieht Ihnen an, welche Ziele Sie in Wahrheit verfolgen. Da Sie das meisterhaft beherrschen, vermuten Sie das auch bei anderen oder spüren verborgene Motivationen sofort heraus. Nur wenn Sie sich stark und sicher fühlen, öffnen Sie sich. Jetzt ist von Ihrer ursprünglichen Zurückhaltung nicht mehr viel übrig. Sie werden dann extrem offen, nehmen kein Blatt mehr vor den Mund oder legen verbal Ihren »Finger« auf die Wunden Ihrer Mitmenschen. Diese Direktheit kann andere sehr verletzen. Allerdings stehen Sie mit der gleichen Konsequenz auch Ihren Freunden bei. Menschen, die Sie einmal akzeptiert haben, werden von Ihnen viel Fairness, Loyalität und Treue zu spüren bekommen.

Die Nachteile eines Skorpions sind Eifersuchts- oder Hassgefühle, denn die größte Angst überfällt Sie, wenn Sie einen

Ausdauer und Entschlossenheit gehören zu Ihren Stärken, Eifersuchts- und Hassgefühle zu Ihren Schwächen.

geliebten Menschen loslassen müssen. *Pluto* ist Ihr Herrscher und er will psychische Metamorphosen bewirken. »Lerne, Abschied zu nehmen«, gehört zu Ihrem Lernschritt. Deuten Sie nicht auf die Wunden anderer Menschen, sondern vollziehen Sie eigene Umwandlungen. Das ist der eigentliche Sinn dieser skorpionischen Aufgabe.

Ihr Gegenzeichen *Stier* könnte Ihnen beibringen, etwas mehr Genussfähigkeit und Vertrauen zu entwickeln. Dann können Sie anderen durch Ihre Unerschrockenheit ein Vorbild sein, denn Sie besitzen einen sicheren Instinkt und hintergründige Erkenntnisse, die Sie in den Dienst des Lebens stellen können. Das Loslassen von Misstrauen, von Macht- und Kontrollzwängen, von Rachegefühlen und dafür mehr Hinwendung zu den sinnlichen Genüssen des Lebens wäre der Lernschritt Ihres Skorpion-Aszendenten. Wenn Ihre Initiative von anderen gestoppt wird, dann reagieren Sie intensiv. Bei Ihnen befindet sich nämlich das Zeichen *Widder* im sechsten Haus (Gesundheit). Unterdrückte Energien, Stress und Ärger führen deshalb leicht zu Aggressionen, die wiederum Verletzungen, Entzündungen oder Infektionen auslösen können – meist kurz und heftig. Sport ist daher eine gute Gesundheitsvorsorge für Sie, sollten Sie sich dabei auch kräftig verausgaben. Sehr gut wirken bei Ihnen klassische Akupunktur und diverse Spritzen (ein bisschen wehtun darf's schon) – und ganz schnell fühlen Sie sich wieder wohl in Ihrer Haut!

Wenden Sie sich mehr den genüsslichen Seiten des Lebens zu.

Skorpion ist Herrscher von Haus acht

Dieses Haus steht für unsere Gesellschaftsstruktur, für Gesetz und Ordnung, zeigt unser Status- und Machtstreben auf, fordert Anpassung und Pflichten, symbolisiert fremde Mittel und vor allem den Stirb-und-werde-Prozess, dem wir immer wieder unterworfen sind. Befinden sich Planeten in diesem Haus, dann erleben wir diese Bereiche besonders deutlich!

Aszendent Schütze

Abraham Lincoln, Bertolt Brecht, Gérard Depardieu, Friedrich Dürrenmatt, Nelson Mandela, Diego Maradona, Bob Marley, Elizabeth Taylor und Mutter Teresa haben oder hatten einen Schütze-Aszendenten. Eines ist beziehungsweise war ihnen allen gemeinsam: Der Schütze-Aszendent begegnet der Welt voller Optimismus und Zuversicht.

Sie strahlen Optimismus und Zuversicht aus.

Der freudige Erwartungsdruck der Eltern war schon vor der Geburt vorhanden, denn nichts wurde sehnlicher erwartet als dieses neue Kind, in das man recht große Hoffnungen setzte. Kein Wunder, dass das Schütze-Aszendent-Baby den ersten und prägenden Eindruck gewinnt, auf dieser Welt willkommen zu sein. Das stärkt seine Selbstsicherheit, für einen höheren Auftrag vorgesehen und mit Gottvertrauen ausgerüstet worden zu sein, denn: »Aller guten Dinge sind drei.« Wer von klein auf so stark an Gutes, an Höheres oder an die Wahrheit glaubt, strahlt diese innere Überzeugung auch aus. Die Therapie des »positiven Denkens« beruht ja auch auf diesem Grundprinzip!

Der Herrscher des Schütze-Aszendenten ist *Jupiter*. Er schenkt Ihnen eine Portion Begeisterung und macht Sie zu einem wahren Idealisten, doch er könnte auch den Leitsatz stimulieren: »Wer angibt, hat mehr vom Leben!«

Ungerechtigkeiten spüren Sie sofort und Sie können dann recht jähzornig werden. Doch die Wut ist nicht einem gekränkten Ego entsprungen, sondern sie entzündet sich bei Übertretungen gesellschaftlicher, moralischer oder rechtlicher Grenzen. Ihr Auftreten als Schütze-Aszendent ist selbstsicher und großzügig, denn Jupiter macht sie von Natur aus jovial. Er symbolisiert unser Wertbewusstsein, unser Urteilsvermögen,

Aszendent

er schenkt uns den Sinn für die richtigen Proportionen und für Gerechtigkeit. Im günstigsten Fall schenkt er sogar Weisheit! Sie sind davon überzeugt, Recht zu haben oder Gutes zu tun. Und Sie wissen auch: »Jeder ist seines Glückes Schmied!« Gerne zeigen Sie Ihren Vorbildcharakter auch anderen. Da der Schütze seine Größe kennt, neigen einige leider auch zu XXL-Übertreibungen (pathetische Sprücheklopfer, Versprechungen, die nicht eingehalten werden) oder zu fast peinlich theatralischen Auftritten. Rein äußerlich haben viele Schütze-Aszendenten deshalb große Hände oder Füße oder auch ein bisschen Körperfülle (je nach genetischer Veranlagung). Ihr Blick ist offen und dieser richtet sich auf die großen Dinge des Lebens. Leicht übersehen Sie deshalb so manches Detail oder das Unmittelbarste direkt neben Ihnen.

Sie beschäftigen sich gern mit den großen Dingen des Lebens.

Ihre Ausstrahlung wird durch Ihre optimistische Grundhaltung und eine vertrauensvolle Lebenseinstellung positiv abgerundet, denn: »Wer das Leben nicht genießen kann, wird bald selbst ungenießbar.« Die Mitmenschen bringen Ihnen deshalb viel Sympathie entgegen.

Auch wenn es kaum erkannt wird: Ihr Selbstwertgefühl ist meist empfindsam und daher suchen Sie in Ihrer Umgebung nach Anerkennung, Bestätigung oder Beachtung. Doch Sie besitzen auch einen starken Freiheitsdrang und der treibt Sie manchmal zu recht impulsiven Handlungen an, wenn Sie sich davon mehr Unabhängigkeit und Selbstständigkeit versprechen.

Es wird für Sie sehr wichtig sein, dass Sie im Beruf einen großen persönlichen Spielraum haben, denn Sie würden es nur schlecht ertragen, sich »eingesperrt« oder »gegängelt« zu fühlen. Meist besitzt der Schütze-Aszendent ein gutes Gedächtnis, doch irgendetwas hat er ständig verlegt oder er sucht oft nach kleinen Dingen.

Ihr polares Zeichen *Zwillinge* könnte Ihnen das Wissen verleihen, dass das große Ganze stets aus verschiedenen Einzelteilen zusammengesetzt ist. »Lerne, dich zu stellen, auch dort, wo es manchmal unangenehm wird.« Als Schütze-Aszendent sollten Sie versuchen, objektive Gegebenheiten zu akzeptieren, aber auch die Meinungen und Wahrheiten anderer zu tolerieren, denn: »Arroganz ist das Selbstbewusstsein des Minderwertigkeitskomplexes.«

Bei Ihnen befindet sich das Zeichen *Stier* in Haus sechs (Gesundheit). Sie sprechen besonders gut auf alle körperzentrierten Therapien an. Diverse Massagen und Reiki fördern Ihr Wohlgefühl, schöne Düfte, aber auch ein gutes Essen mit Freunden (natürlich auch zu zweit) tragen schnell zum Genesungsprozess bei. Wollten Sie eine Diät machen? Vergessen Sie das, es klappt nicht. Sich wohl fühlen ist wichtiger!

Massagen und Reiki fördern Ihr Wohlbefinden.

Schütze ist Herrscher von Haus neun

In diesem Haus symbolisiert sich unser selbstständiges Denken, das eigene Weltbild, unsere Gesinnung, die Wahrheitsliebe, unsere Zivilcourage. Hier wollen wir unser Wissen erweitern (auch durch Reisen in ferne Länder). Sind Planeten in diesem Haus, dann erleben wir diese Bereiche besonders deutlich!

Aszendent Steinbock

Einen Steinbock-Aszendenten besitzen zum Beispiel Sean Connery, Königin Elizabeth II., die Schauspielerin Jane Fonda und der schon verstorbene Erich Honecker. Vielleicht haben sich Ihre Eltern ein Kind anderen Geschlechts gewünscht? Oder Ihre Geburt fand zu einer ungünstigen Zeit statt, in der weder Freude noch die nötige Sicherheit vorhanden war? Wie dem auch sei: Das Kind mit dem Steinbock-Aszendenten kam auf die Welt (»Aller Anfang ist schwer«) und hatte sofort das Gefühl, nicht zu genügen. »Erst die Arbeit, dann das Spiel« ist deshalb bald seine Devise geworden. So wird ein Steinbock-Aszendent-Kind recht schnell erwachsen, damit es sich in der Welt durch seine großen Leistungen beweisen kann und auf diesem Weg endlich die ersehnte Anerkennung erhält.

Sie sind ein Einzelkämpfer, der großes Durchhaltevermögen beweist.

Von klein auf ist der Steinbock-Aszendent zum Einzelkämpfer geboren, und wo ein anderer aufgeben würde, beißt ein Steinbock jetzt erst recht seine Zähne zusammen und folgt unbeirrt und mit großer Ausdauer seinem Ziel, denn er weiß: »Steter Tropfen höhlt den Stein!«

Kritik macht ihn nur noch disziplinierter. Ständig muss er sich und anderen beweisen, dass er doch etwas wert ist. Deshalb nimmt er keine Abkürzung, sondern entscheidet sich für den noch steinigeren Weg. Das zeigt sich auch äußerlich in meist hageren Gesichtszügen und einer schlanken Figur. Alles strahlt nüchterne Klarheit aus, jeder Schnörkel wird vermieden (außer Sie besitzen eine sehr sinnliche Venus im Geburtshoroskop).

Sein Geburtsherrscher ist *Saturn* und der will Klarheit und Kargheit. Diese Energie entspricht unserer Körperlichkeit, unserem Bedürfnis nach Ordnung und Abgrenzung, nach Sicherheit, Ruhe und Aufrechterhaltung des alten Zustands!

Steinbock-Aszendenten fordern sehr viel von sich und gönnen sich meist zu wenig. Die Begegnung mit anderen Menschen findet unter unsichtbaren Schutzmauern statt, dessen Steine aus Disziplin und Pflichtbewusstsein gebaut wurden, denn: »Kommt Zeit, kommt Rat.«

Sprühende Lebendigkeit und fröhliche Ausgelassenheit kennt der Steinbock-Aszendent nicht, doch »Ehrlich währt am längsten« zählt zu seinen Charakterstärken. Gottlob finden sich im Geburtshoroskop meist noch Planeten und Aspekte, die die leichteren Seiten des Lebens stimulieren. Allerdings vermehrt der Steinbock-Aszendent den Ehrgeiz, das Karrierestreben und das Pflichtgefühl. Die Welt des Steinbocks ist eher ernst und voller Verantwortung. Man wird erst beim zweiten Anlauf mit ihm warm und dann erkennt man seine Aufrichtigkeit, denn er weiß zutiefst: »Lügen haben kurze Beine!«

Sie sind ein ernsthafter und verantwortungsbewusster Mensch.

Sie sind durch den Steinbock-Aszendenten eher zurückhaltend und distanziert, wenn Sie jemand nicht kennen. Vielleicht denken Sie auch: »Wenn du beliebt sein willst, dann komm lieber selten«? Ihre Selbstkritik ist meist zu stark entwickelt. Oft beurteilen Sie auch Ihre Mitmenschen nach ähnlich strengen Kriterien. Ihr Bedürfnis nach Perfektion und Superleistungen ist verantwortlich für Phasen der Mutlosigkeit. Allerdings besitzen Sie eine zähe Konstitution und sind deshalb in der Lage, lang andauernde Belastungen zu überstehen. Ihr Verhalten ist eher von Ernst und Vorsicht geprägt. Bis Sie andere näher an sich heranlassen, brauchen Sie erst ein Gefühl von Vertrautheit oder Überlegenheit.

Bisweilen werden Sie von Schuld- oder Einsamkeitsgefühlen geplagt. In den depressiven Phasen Ihres Lebens neigen Sie zu unerklärlichen Rückzugs- und Verdrängungsreaktionen.

Beruflich erwerben Sie sich durch Leistung und Fachwissen die Achtung und Anerkennung Ihrer Mitmenschen. Sie könnten die Karriere eines Spezialisten erreichen, falls nicht Ihr *Uranus* etwas dagegen hat.

Vom Gegenzeichen *Krebs* kann der Steinbock-Aszendent lernen, dass sich echte Verantwortlichkeit nicht nur auf äußere Pflichten und die Lösung verschiedenster Aufgaben bezieht, sondern dass ein Mensch auch gegenüber seinen eigenen Bedürfnissen Verantwortung tragen muss. Dies betrifft sowohl den eigenen Körper wie die eigene Seele. Nur so können Sie im Laufe Ihres Lebens – ähnlich einem guten Wein – zu einem charaktervollen, starken und zugleich gefühlvollen und erlebnisfähigen Menschen heranreifen: »Lerne, auch andere zu verstehen, und verwende keine Verallgemeinerungen.«

Das ist Ihre Lernaufgabe. Da sich bei Ihnen das Zeichen *Zwillinge* im sechsten Haus (Gesundheit) befindet, sollten Sie viele Dinge gleichzeitig nutzen, um gesund zu bleiben oder zu werden. Nur ein Mittelchen wird nicht helfen, denn der Körper braucht verschiedene Anregungen und ist neugierig darauf. Auch wenn Sie es als Steinbock-Aszendent nicht glauben wollen: Sie brauchen viel frische Luft und regelmäßige Atemübungen, dann fühlen Sie sich wohl in Ihrer Haut!

Steinbock ist Herrscher von Haus zehn

Dieses Haus symbolisiert Beruf und Berufung, unsere Autorität oder Anmaßung, unsere Karriere, unseren sozialen Status in der Gesellschaft, unsere wichtigen Lebensziele, unsere Führungsaufgaben oder unser Machtstreben. Sind Planeten in diesem Haus, dann erleben wir diese Bereiche besonders intensiv!

Geben Sie sich der Vielfalt hin.

Aszendent Wassermann

Der Aszendent Wassermann zeigt sich auch bei Giacomo Casanova, Carl Gustav Jung, bei Karl Marx oder Maximilien de Robespierre. Ein Wassermann-Aszendent sucht sich schon bei seiner Geburt recht unmögliche Situationen aus. Kleine Pannen (Geburt im Taxi, im Zug, im Flugzeug) und auch größeres Pech (Geburtsprobleme, weil er ein Frühchen oder zu spät dran ist, quer liegt oder mit den Füßen voran in die Welt will) sind da meistens an der Tagesordnung. Warum? Das Normale liebt er einfach nicht, vermutlich weil er Angst hat, *nur* ein gewöhnlicher Mensch zu sein: »Lieber schrullig als 08/15«, das ist eine seiner Devisen!

Sie suchen Neuland in allen Dingen.

Der Geburtsherrscher ist *Uranus*, jene schöpferische Intelligenz, die Neuland in allen Dingen sucht. Uranus stimuliert den Forscher- und Erfindergeist und sichert sich durch technische oder geistige Systeme ab.

Dieser Start ins Leben setzt sich beim Wassermann-Aszendenten auch später auf seiner Lebensreise fort. Immerzu hagelt es Überraschungen in seinem Leben. Er wechselt die Stellungen wie andere die Hemden, er zieht so oft um, dass er mit dem Zählen schon aufgehört hat. Von heute auf morgen lässt er alles hinter sich, was er vorher aufgebaut hat. Neuanfänge kennt er zur Genüge in seinem Leben, doch er weint auch den finanziellen Verlusten keine Tränen nach. Gerade deshalb fällt es dem Wassermann-Aszendenten schwer, allzu verbindliche Beziehungen zu anderen Menschen einzugehen. Viel eher sucht er Freiheit und eine gewisse Unverbindlichkeit (Freunde), doch vor allem einen regen geistigen Austausch. So kann man ihn als ungeheuer flexibel und offen bezeichnen und auch als liebenswerten Humanisten. Sein kumpelhaftes Auf-

treten ist sein Markenzeichen, denn er begegnet jedem Menschen auf die gleiche menschliche Weise – egal ob ein echter König oder ein armer Bettler seinen Weg kreuzt.
Sein Blick ist wach, denn er ist fasziniert von den schillernden Möglichkeiten des Lebens. Er besitzt schon früh eine Art »Vision einer idealen Gesellschaft« und hat tausend Ideen, wie man diese verwirklichen kann.
Irgendwie ähnelt er einem stets zerstreuten Professor. Genie und Wahnsinn liegen bei ihm dicht beieinander und er tänzelt fasziniert auf diesem dünnen Seil. »Wer sich nicht ändert, gleicht einem abgetragenen Rock«, ist seine Devise!

Echte Freundschaft und soziale Gerechtigkeit sind Ihre Themen.

Das meiste Leben findet natürlich im Kopf statt und so vergisst er oft seinen Körper. Seine Ausstrahlung ist nur selten sehr herzlich oder gar erotisch, dafür jedoch äußerst interessant oder sogar exzentrisch.
Durch den Wassermann-Aszendenten haben Sie ein starkes Bedürfnis nach echter Freundschaft und nach sozialer Gerechtigkeit auf dieser Welt. Nicht selten interessieren Sie sich für soziale, gesellschaftspolitische Belange, für technische oder geistige Verbesserungen, für Gentechnologie, Ökologie, Geisteswissenschaften oder ähnliche Spezialthemen.
Sie sind originell und freiheitsliebend, doch es fällt Ihnen sehr schwer, sich unterzuordnen. Als Wassermann-Aszendent sind Sie ein »Kind der Zeit« und oft sogar noch Ihrer Zeit voraus. Sie sind das lebendige Beispiel eines »Freigeistes«. Ihr Interesse gilt Neuem, sinnvollen Reformen oder dem Unkonventionellen. Ihre große geistige Aktivität prägt Ihr Verhalten und Ihre Lebenseinstellung. Es fällt Ihnen leicht, Kontakte zu schließen, und Sie brauchen einen größeren Bekanntenkreis, damit Sie genügend neue Anregungen bekommen. Trotz Ihrer Beliebtheit bei Freunden sind Sie sorgsam bestrebt, Ihre Unabhängigkeit und Individualität zu wahren. Ein echter Wassermann-

Aszendent widerlegt ganz real die folgende Weisheit: »Wir wurden alle als Originale geboren, doch die meisten von uns sterben als Kopien.« Das kann Ihnen nicht passieren!
Sind Sie dazu in einem »erdigen« Tierkreiszeichen geboren (Stier, Jungfrau oder Steinbock), dann besitzen Sie auch den nötigen Realismus und Fleiß, um Ihre Visionen umzusetzen.

Gefühlsbetontes Handeln könnte von Vorteil sein.

Ihr polares Zeichen *Löwe* könnte Sie als Wassermann-Aszendenten daran erinnern, dass Ideen nicht nur im Kopf vorhanden sein sollten, denn der wird bei so viel Andrang von Ideen dann zwangsläufig blutleer. Bezwingen Sie auch Ihre innere Unruhe und jede Impulsivität. Erst wenn Sie an einer Sache dranbleiben und Ihr *Herz* zum Mittelpunkt Ihrer Visionen machen, werden Sie zum Vorreiter einer besseren und menschlicheren Gesellschaft werden, zum Erbauer des Wassermann-Zeitalters – das ist eine Ihrer Lebensaufgaben.

Bei Ihnen befindet sich das Zeichen *Krebs* im sechsten Haus (Gesundheit). Sie müssen sich deshalb in der Arbeit wohl fühlen und sollten genau beobachten, wann es Ihnen besonders gut geht und wann Sie körperlich reagieren. Achten Sie auch darauf, dass Sie sich in Ihrer Wohnung recht behaglich fühlen. Hören Sie auf Ihre »innere Stimme« und auf Ihre Träume. Falls Sie einmal krank werden, sprechen Sie gut auf alle feinstofflichen Therapien an (Aura Soma, Bach-Blüten, Homöopathie, Spagyrik) und auch positiv auf einfühlsame Therapeuten.

Wassermann ist Herrscher von Haus elf

Hier geht es um unsere Freunde, um unser Bild des höheren Menschen, um Zukunftsideale, um unsere Ethik, das Zusammengehörigkeitsgefühl mit Gleichgesinnten, das Vereinigungsstreben und um Reformen. Hier erfahren wir, was wahre Humanität bedeutet. Sind Planeten in diesem Haus, dann erleben wir diese Bereiche besonders deutlich!

Aszendent Fische

Rainer Werner Fassbinder und Alfred Hitchcock, aber auch Hermann Graf Keyserling und Mirelle Mathieu sind Beispiele für Menschen mit einem Fische-Aszendenten.

Der Fische-Aszendent ist nicht so ganz von dieser Welt, denn: »Stille Wasser sind immer tief.« Schon bei seiner Geburt war er unschlüssig, ob er wirklich diese wässrige Wärme und Geborgenheit des Mutterschosses verlassen sollte. Man musste sicherlich aus ärztlicher Sicht ein bisschen nachhelfen, denn Vorwärtsdrängen ist nun mal nicht seine Devise.

Sie können sich wie ein Chamäleon an Ihre Umgebung anpassen.

Ihr Lebensimpuls ist durch den Aszendenten nicht eindeutig. Sie stehen nicht so gerne im Mittelpunkt der Aufmerksamkeit anderer, außer Ihr Fische-Aszendent wird durch ein feurige Sonne (Widder, Löwe, Schütze) doch noch ichbezogener. Viel eher fühlen Sie sich wohl, wenn Sie sich wieder zurückziehen oder sich Ihren Tagträumen widmen können.

Rein äußerlich ist ein Fische-Aszendent nur sehr schwer auszumachen, denn sein Herrscher *Neptun* kann sich erstaunlich wandeln und sich wie ein Chamäleon an seine Umgebung, eine Situation oder Erfordernisse anpassen. Manche besitzen große »Fisch-Augen«, doch viele erscheinen auch in allen möglichen körperlichen Tarnkappen. Sie nehmen die Schwingung ihrer Umwelt stark auf und verschmelzen symbiotisch mit dieser. Neptun stimuliert die universelle Menschenliebe, das höchste Liebesideal, unsere Identifikation mit bestimmten Dingen, unseren Idealismus, unser soziales Engagement mithilfe unseres Willens zum Helfen. Am ehesten erkennt man den Fische-Aszendenten durch seine großen, meist verträumten Augen. Häufig sind die Gesichtszüge nicht so markant, eher ein bisschen wässrig oder verschwommen – ähnlich wie manchmal auch seine Körperformen. Die Palette seiner Ausstrahlung kann von Hilflosigkeit über grazile Anmut bis hin zur selbstlosen Aufopferung reichen. Ein Fische-Aszendent ist besonders durchlässig für Beeinflussung von außen. Der Nachteil dabei ist, dass er zwangsläufig nur wenig Widerstandskraft besitzt – vor allem gegen negative Einflüsse. Wird er längerfristig überfordert, entsteht leicht ein chronisches Sucht- oder Fluchtverhalten. Im schlimmsten Fall kann er von den Außeneindrücken dieser Welt förmlich weggeschwemmt werden. Dann verliert er sich im Ganzen, weil er nicht konkret zu sich selbst steht. Man kann den Fische-Aszendenten als schweigsamen Menschen bezeichnen. Sein Bedürfnis, mit anderen zu verschmelzen, bringt automatisch Probleme bei konkreten Handlungen oder bei verbindlichen Entscheidungen. Wird es schwierig oder zu eng für ihn, dann ist er plötzlich wie vom Erdboden verschwunden.

Sie haben eine fast sensitive Veranlagung.

Als Fische-Aszendent hat Ihre Erscheinung etwas Transparentes. Ihre Augen drücken Durchlässigkeit aus. Ihr Gefühl zwingt Sie oft dazu, sich abzugrenzen, um nicht von den vielen Fluktuationen der Umwelt völlig eingenommen zu werden. Am ehesten können Sie sich öffnen, wenn jemand leidet oder Ihre Hilfe benötigt. Dann wird Ihnen Ihre Anteilnahme und Ihr Mitgefühl viel Sympathie und Zuneigung von anderen einbringen. Allerdings könnten Ihre Gutmütigkeit und Ihre nicht immer konsequente Haltung Ihnen Schwierigkeiten verursachen, weil Sie Mühe haben, sich eindeutig zu etwas zu bekennen oder sich klar abzugrenzen. Sie machen sich zwar immer wieder Hoffnungen, doch Sie wissen auch: »Wer um eine Hoffnung ärmer ist, ist auch um eine Erfahrung reicher!«

Es ist deshalb wichtig für Sie, dass Sie mehr Selbstkontrolle üben und eine gewisse Disziplin entwickeln, um das, was nicht zu Ihnen passt oder Ihnen schadet, abzuwehren. Dann können

Sie auch Ihre Unsicherheiten überwinden, die meist aus einer allzu großen Anteilnahme am aktuellen Geschehen resultiert. Im Gegenzug kann ein Fische-Aszendent eine zu starke Sonne (Ichbezogenheit) im Geburtshoroskop sanft abmildern. Ihr Fische-Aszendent schenkt Ihnen eine fast sensitive Veranlagung, Dinge vorauszuahnen und verborgene Motive bei anderen zu erkennen, bevor diese je ausgesprochen werden. Möglicherweise ist Ihre »innere Stimme« oder Ihr Traumleben recht aktiv und schickt Ihnen wichtige Botschaften.

Schärfen Sie Ihren Blick für die Realität.

Ihr Gegenzeichen *Jungfrau* könnte Sie dazu ermuntern, das rechte Maß zu entwickeln, Ihren Blick für die Realität und für das Wesentliche zu schärfen. Nicht immer ist »Reden Silber und Schweigen Gold«. Nehmen Sie konkret Stellung und hüten Sie sich vor Illusionen. Lernen Sie die zeitweise Einsamkeit zu schätzen, das sind wichtige Lernaufgaben für Sie.

Das Zeichen *Löwe* herrscht in Ihrem sechsten Haus (Gesundheit). Sie brauchen viel Sonne und Wärme und sollten Ihren Kreislauf sanft, aber regelmäßig trainieren. Hören Sie auf Ihr Herz, und falls Sie doch mal krank werden, suchen Sie sich eine Autorität als Therapeuten oder Therapien, die »Wunder« vollbracht haben, dann fühlen Sie sich bald wieder wohl!

Fische ist Herrscher von Haus zwölf

Hier ist unser Alleinsein symbolisiert, die Verinnerlichung oder die Isolation. Auch die Flucht ins Irrationale oder der Zugang zur Transzendenz ist hier angezeigt, aber auch Jenseitsphilosophien oder esoterische Lebensinhalte. Hier ist Helfergeist zu finden oder Hilflosigkeit. Sind Planeten in diesem Haus, dann spüren wir diese Bereiche besonders deutlich!

Fazit: Es empfiehlt sich, auch die Gesundheitstipps des jeweiligen Aszendenten auszuprobieren!

Kontaktadressen und Literaturempfehlungen

Aderlass: B. Aschner: »Lehrbuch der Konstitutionstherapie«, Hippokrates Verlag; Abele/Stiefvater: »Aschner-Fibel«, Haug Verlag.
Alchimistische Kosmetik: Lunasol, Soluna GmbH, Artur-Proeller-Straße 9, 86609 Donauwörth, Tel.: 09 06/70 60 60, Fax: 09 06/7 06 06 78, E-Mail: info@Soluna.de.
Akupressur: F. T. Lie: »Akupressur – Chinesische Punktmassage«, Falken Verlag; G. Stux: »Akupunktur, Akupressur und Moxibustion«, Birkhäuser Verlag; H. Tenk: »Punktmassage für Erste Hilfe und Energieausgleich«, Maudrich Verlag; Dr. Frank R. Bahr: »Akupressur, Erfolgreiche Selbstbehandlung bei Schmerzen und Beschwerden«, Mosaik Verlag. Adressen siehe »Akupunktur«.
Akupunktur: C.-H. Hempen: »Atlas für Akupunktur«, dtv Verlag; Dr. Wolf Ulrich: »Schmerzfrei durch Akupunktur und Akupressur«, Heyne Verlag; Carl-Hermann Hempen: »Die Medizin der Chinesen«, Goldmann Verlag; Ted J. Kaptchuk: »Das große Buch der chinesischen Medizin«, Heyne Verlag; Christine Steinbrecht-Baade: »Die Heilkraft der Traditionellen Chinesischen Medizin«, Heyne Verlag; Engelhardt/Hempen: »Chinesische Diätetik«, Urban & Schwarzenberg Verlag; N. Krack: »Die Pulslehre in der chinesischen Medizin«, Haug Verlag. Adressen: SMS Internat. Gesellsch. f. Chinesische Medizin, Franz-Joseph-Str. 38, 80801 München, Tel.: 0 89/33 56 74, Fax: 0 89/33 73 52, Internet: www.tcm.edu; Z.F.M. GmbH, Tagesklinik für Traditionelle Chinesische Medizin, Elisabethenstr. 62, 64283 Darmstadt, Tel.: 0 61 51/3 07 69 50, Fax: 0 61 51/3 07 69-5 26, Internet: www.zfm.de; Tagesklinik für Traditionelle Chinesische Medizin am Bodensee, Immenstaad, Tel.: 0 75 45/90 16 81; Ludwig Boltzmann Institut für Akupunktur, Kaiserin Elisabeth Spital, Huglgasse 1–3, A-1150 Wien, Tel.: 00 43/1/9 81 04-57, Fax: 00 41/1/9 81 04-57 59, Internet: www.akupunktur.at; Österr. Wissenschaftliche Ärzteges. für Akupunktur, Schwindstr. 3/9, A-1040 Wien, Tel.: 00 43/1/5 05 03 92, Fax: 00 43/1/5 04 15 02; SAGA Schweizerische Ärzteges. für Akupunktur und Chinesische Medizin, Postfach 20 03, CH-8021 Zürich, Fax: 00 41/1/8 10 22 16, E-Mail: sekretariat-@saga.tcm.ch, www. saga.tcm.ch.
Amulette/Talismane: Gibt es im esoterischen Fachhandel oder auch bei Magic Discount, Postfach 14 22, 83604 Holzkirchen, Fax: 0 89/3 56 63 62 61, E-Mail: Magicdiscount@gmx.de.

Kontaktadressen

Anthroposophische Medizin: R. Steiner: »Geisteswissenschaft und Medizin«, Rudolf Steiner Verlag; R. Steiner, I. Wegmann: »Grundlegendes für eine Erweiterung der Heilkunst nach geisteswissenschaftlichen Erkenntnissen«, Rudolf Steiner Verlag. Gesellschaft anthroposophischer Ärzte e. V., Roggenstr. 82, 70794 Filderstadt, Tel.: 07 11/7 77 80 00; Verein für erweiterte Heilweisen (Anthroposophie) e. V., Johannes-Kepler-Str. 56–58, 75347 Bad Liebenzell, Tel.: 0 70 52/20 34, Fax: 0 70 52/41 07.

Aromatherapie: Handbuch »Aromatherapie«, Haug Verlag; J. Valnet: »Aromatherapie«, Heyne Verlag; Erich Keller: »Astro-Düfte«; Erich Keller: »Das Handbuch der ätherischen Öle«; Erich Keller: »Essenzen der Schönheit«; Erich Keller: »Erlebnis Aromatherapie«, alle im Goldmann Verlag; »Das große Lexikon der Heilsteine, Düfte und Kräuter«, Methusalem Verlag. Forum Essenzia (Aromatherapie), Meier-Helmbrecht-Str. 4, 81377 München, Tel.: 0 89/7 14 53 91, Fax: 0 89/71 03 99 29.

Arthrosetherapie: Pulsierende elektromagnetische Felder (Auskunft über den BIO-Leserservice, Tel.: 0 81 58/80 21, Fax: 0 81 58/71 42, Internet: www.magazin-bio.de; »dona 200-S« von der Firma Opfermann Arzneimittel GmbH, 51674 Wiehl; ARTHROSE-Gesellschaft für prophylaktische Orthopädie, Tel.: 0 89/93 93 39 37 und Tel.: 0 89/1 59 63 54, Fax: 089/1 59 65 65.

Astrologie: Klein/Dahlke: »Das senkrechte Weltbild«, Heyne Verlag; Stephen Arroyo: »Astrologie, Psychologie und die vier Elemente«; Stephen Arroyo: »Astrologie, Karma und Transformation«, beides im Hugendubel Verlag; Anna D. Garuda: »Der große Astrokalender 2001«, Goldmann Verlag, und viele weitere Fachbücher über Astrologie.

Astrologie der Indianer: Sun Bear und Wabun Wind: »Das Medizinrad – Übungen zur Heilung der Erde«, Goldmann Verlag.

Atemtherapie: Ilse Middendorf: »Der erfahrbare Atem«, Junfermann Verlag; Verena Schmid-Eschmann: »Richtig atmen – aber wie?«, Heyne Verlag. Ilse Middendorf-Institut für den Erfahrbaren Atem, Viktoria-Luise-Platz 9, 10777 Berlin, Tel.: 0 30/2 18 38 58; Institut für Atemtherapie, Atemunterricht und Sprechtechnik, Bruchstraße 13–15, 40235 Düsseldorf, Tel.: 02 11/67 41 26; Österreichische Gesellschaft für Autogenes Training und Allgemeine Psychotherapie, Schnelleingasse 8, A-1040 Wien, Tel.: 00 43/1/9 83 35 65; Institut für Körperzentrierte Psychotherapie und Ganzheitliche Atemschule, Kanzleistraße 17, CH-8004 Zürich, Tel.: 00 41/1/2 42 29 30, Fax: 00 41/1/2 42 72 52.

Augentraining nach Bates: K. Schutt/B. Rumpler: »Besser sehen durch Augentraining«, Falken Verlag; Marilyn B. Rosanes-Berrett: »Besser sehen durch Augentraining«, Heyne Verlag.

Aura Soma: Vicky Wall: »Aura Soma, das Wunder der Farbheilung«, H.-J. Maurer Verlag; Dora Van Gelder-Kunt/Shafica Karagulla: »Die Chakras und die feinstofflichen Körper des Menschen«, Aquamarin Verlag.
Autogenes Training: Dr. med. Herbert Mensen: »Das ABC des autogenen Trainings«, Goldmann Verlag; Eberhard Grünzinger: »Entspannung durch autogenes Training«, Heyne Verlag; B. Hoffmann: »Handbuch des autogenen Trainings«, dtv München; J. H. Schultz: »Das autogene Training« und »Übungsheft für das autogene Training«, beide im Thieme Verlag.
Ayurveda: Amadea Morningstar/Urmila Desai: »Die Ayurveda-Küche«, Heyne Verlag; Dr. Vinod Verma: »Ayurveda, der Weg des gesunden Lebens«, O. W. Barth Verlag, Scherz Verlag; Elisabeth Veit: »Mit Ayurveda zum Idealgewicht«, Heyne Verlag; Dr. Karin Pirc: »Ayurveda – Kursbuch für Mutter und Kind«, Heyne Verlag; Dr. Ulrich Bauhofer: »Aufbruch zur Stille«, Lübbe Verlag; Dr. Ernst Schrott: »Ayurveda für jeden Tag«, Mosaik Verlag; Dr. Ernst Schrott: »Die köstliche Küche des Ayurveda«, Heyne Verlag; M. Warelopoulos/B. Heyn/A. Dinhopl: »Gesund genießen mit Ayurveda«, Heyne Verlag. Eine Liste praktizierender Ärzte und Heilpraktiker sowie ayurvedischer Gesundheitszentren erhalten Sie bei der Deutschen Gesellschaft für Ayurveda e. V., Wildbadstraße 201, 56841 Traben-Trarbach, Tel.: 0 65 41/58 17, Fax: 0 65 41/81 19 82, E-Mail: ayur-veda@net-avt.de, Internet: www.ayurveda-gesellschaft.de; Österreichische Gesellschaft für Ayurvedische Medizin, Biberstraße 22/2, A-1010 Wien, Tel.: 00 43/1/5 13 43 52, Fax: 00 43/1/5 13 96 60.
Bach-Blüten-Therapie: Mechthild Scheffer: »Die Original Bach-Blüten-Therapie«, Hugendubel Verlag; Mechthild Scheffer: »Selbsthilfe durch Bach-Blüten-Therapie«, Heyne Verlag; Mechthild Scheffer: »Lehrbuch der Original Bach-Blütentherapie für die Arzt- und Naturheilpraxis«, Urban & Fischer Verlag; Mechthild Scheffer/Wolf-Dieter Storl: »Neue Einsichten in die Bach-Blütentherapie« und »Das Heilgeheimnis der Bach-Blüten«, beide im Heyne Verlag; Stefan Ball: »Bach-Blüten – Das umfassende Praxisbuch«, Heyne Verlag; Dr. Edward Bach: »Gesammelte Werke«, Aquamarin Verlag; Dr. med. Götz Blome: »Das neue Bach-Blüten-Buch«, Bauer Verlag. Dr. Edward Bach Centre, Himmelstraße 9, 22299 Hamburg, Tel.: 0 40/4 31 87 80, Fax: 0 40/4 32 26 35.
Baunscheidtverfahren: G. Kirchner: »Baunscheidt – Akupunktur des Westens«, Ariston Verlag; G. Tienes: »Der Baunscheidtismus«, Hippokrates Verlag.
Bewegungstraining: Dr. Edwin Flatto: »Gesund durch Bewegungstraining«, Waldthausen Verlag; H. Petzold: »Integrative Bewegungstherapie«, Junfermann Verlag.
Bioakustik: Ausbildungen zum Bioakustiker im Johanniterhof, W. Maiworm,

Stumpenstr. 1, 78052 Obereschach, Tel.: 0 77 21/6 33 15, Fax: 0 77 21/7 43 06; Auskunft erteilt auch der BIO Ritter Verlag, Tutzing, Tel.: 0 81 58/80 21, Fax: 0 81 58/71 42, E-Mail: bioritter@aol.com, Internet: www.magazin-bio.de.
Biochemie: Dr. Schüßler: »Eine abgekürzte Therapie«, Rohm Verlag; Surya: »Homöopathie, Isopathie, Biochemie, Satrochemie und Elektrohomöopathie«, Rohm Verlag; Hans Wagner: »Rundum gesund mit Schüßler-Salzen«, Südwest Verlag; Monika Helmke Hausen: »Lebensquell Schüßersalze«, Hermann Bauer Verlag. Kontaktadresse: Biochemischer Bund Deutschlands e. V., In der Kuhtrift 18, 41541 Dormagen, Fax: 0 21 33/73 91 39, E-Mail: biochemie@bbdnet.de, Internet: www.biochemie-net.de.
Bioenergetik: A. und L. Lowen: »Bioenergetik für Jeden«, Peter Kirchheim Verlag.
Bioresonanztherapie: A. Baklayan: »Parasiten – Die verborgene Ursache vieler Erkrankungen«, Goldmann Verlag; Hulda Regehr Clark: »Heilung ist möglich«, Droemer Knaur Verlag; B. Köhler: »Biophysikalische Informationstherapie«, Gustav Fischer Verlag. Internationale Ärztegesellschaft für Biophysikalische Informationstherapie (BIT), Sandstraße 19, 79104 Freiburg, Tel.: 07 61/5 33 80, Fax: 07 61/5 75 22, Internet: www.bit-org.de; Vedasan Vertriebs GmbH für Bücher und Naturprodukte, Postfach 12 40, 65302 Bad Schwalbach, Tel.: 01 80/5 25 83 56, Fax: 0 61 28/4 10 98; Österreichische Ärztegesellschaft für Biophysik. Informations-Therapie, Schulstraße 17, A-2871 Zöbern, Tel.: 00 43/26 42/87 50, Fax: 00 43/26 42/87 50 13.
Bioresonanz-Zapper für den Heimgebrauch: Digezapper der Firma Helmle Med, Kazmairstr. 49, 80339 München, Tel.: 0 89/26 56 35, Fax: 0 89/23 26 97 68.
Biorhythmus: Hugo Max Gross: »Biorhythmik – Das Auf und Ab unserer Lebenskraft«, Hermann Bauer Verlag.
Blumenbilder: Tita Heydecker, Künstlergemeinschaft Hallbergmoos, Schlossgut Erching, Seiboldhaus 4, 85399 Hallbergmoos, Tel.: 08 11/12 95. Acryl auf Leinwand, Bildformat: 25 x 25 cm.
Blutegeltherapie: U. Abele, E. W. Stiefvater: »Ascher-Fibel«; I. Müller: »Blutegeltherapie«, beides Haug Verlag.
Cantharidenpflaster: Abele: »Propädeutik der Humoraltherapie«, Haug Verlag.
Chinesische Medizin: Siehe »Akupunktur«.
Chiropraktik: Eder/Tilscher: »Chirotherapie«, Hippokrates Verlag; G. Fleming: »Die Dorn Methode«, Aurum Verlag. Arbeitsgemeinschaft für Chiropraktik, Osteopathie und Neuraltherapie, Wartburgstr. 52, 10832 Berlin; Dr. Jean-Pierre Cordey, Waisenhausplatz 10, CH-3011 Bern, Tel.: 00 41/31/ 3 28 22 33,

Fax: 00 41/31/3 28 22 20, E-Mail: cordey@chiropraktik.ch; Schweizerische Chiropraktoren-Gesellschaft, Sulgenauweg 38, CH-3007 Bern, Tel.: 00 41/31/ 3 71 03 01, Fax: 00 41/31/3 72 26 54, E-Mail: scgasc@swissonline.ch.
Darmgesundheit: H. Rieth: »Mykosen, Anti-Pilz-Diät«, notamed Verlag. Arbeitskreis für Mikrobiologische Therapie e. V., Kornmarkt 2, 35726 Herborn; Gesellschaft für Biologische Krebsabwehr e. V., Hauptstraße 44, 69117 Heidelberg, Tel.: 0 62 21/13 80 20, Fax: 0 62 21/1 38 02 20.
Darmreinigung: »Das große Buch der Darmreinigung«, BIO Ritter Verlag, Monatshauser Str. 8, 82327 Tutzing, Tel.: 0 81 58/80 21, Fax: 0 81 58/71 42.
Diät: Dr. med. Dörten Wolff: »Die revolutionäre Impuls-Diät – Schlank werden mit Appetit«, Mosaik Verlag.
Dorn-Methode (Chiropraktik): Herr Günther Gross (Leiter der Dorn-Seminare), Tel.: 0 75 20/92 31 95; Praxis Dieter Dorn, Tel.: 0 83 94/2 15 (nach einem Behandler in Ihrer Nähe fragen).
Eigenbluttherapie: V. Höveler: »Eigenbluttherapie«, Haug Verlag; H. Krebs: »Eigenbluttherapie«, Gustav Fischer Verlag.
Elektroakupunktur: Internationale medizinische Gesellschaft für Elektroakupunktur nach Voll, Am Sender 3, 47533 Kleve, Tel.: 0 28 21/2 78 33, Fax: 0 28 21/1 36 45.
Elektrotherapie: H. Edel: »Fibel der Elektrodiagnostik und Elektrotherapie«, Verlag Gesundheit; O. Gillert: »Elektrotherapie«, Pflaum Verlag; G. Heepen: »Hochfrequenztherapie in der Praxis«, Eigenverlag, Tuttlingen.
Ernährung: W. Kollath: »Die Ordnung unserer Nahrung«, Haug Verlag; Ingeborg Münzing-Ruef: »Kursbuch gesunde Ernährung – Die Küche als Apotheke der Natur«, Heyne Verlag; Ingeborg Münzing-Ruef/Stefanie Latzin: »Gesund mit der Kreta-Diät – Das Ernährungsgeheimnis für ein langes Leben«, Heyne Verlag; Leitzmann/Keller/Hahn: »Alternative Ernährungsformen«, Hippokrates Verlag; Koerber/Männle/Leitzmann: »Vollwert-Ernährung«, Haug-Hüthig Verlag. Deutsche Gesellschaft für Ernährung e. V., Im Vogelsgesang 40, 60488 Frankfurt, Tel.: 0 69/9 76 80 30, Fax: 0 69/97 68 03 99, Internet: www.dge.de; Eden-Stiftung zur Förderung naturnaher Lebenshaltung, Wiesbadener Weg 1, 65812 Bad Soden, Tel.: 0 61 96/64 33 40, Fax: 0 61 96/64 20 87; Schweizerische Vereinigung für Ernährung, Effingerstr. 2, Postfach 83 33, CH-3001 Bern, Tel.: 00 41/31/3 85 00 00, Fax: 00 41/31/3 85 00 05, E-Mail: info@sve.org, Internet: www.sve.org.
Familienaufstellung: Bei »Brennpunkt Neue Erde«, Frau Margit Hoffmann, erhalten Sie Adressen für eine Familienaufstellung in Ihrer Nähe, Tel.: 0 61 28/ 93 40 60, Fax: 0 61 28/93 40 62. Familienaufstellung bei Erbkrankheiten:

Dr. Baitinger, Am Stadtpark 95, 90408 Nürnberg, Tel.: 09 11/3 65 18 31, Fax: 0 9 11/35 92 99, E-Mail: regionalgruppe@baitinger-therapie.de; Weserbergland-Klinik, Dr. Arnold, Tel.: 0 52 71/98 23 21.
Farbtherapie: Christa Muths: »Farb-Therapie. Mit Farben heilen – der sanfte Weg zur Gesundheit«, Heyne Verlag.
Feng Shui: Chao-Hsui Chen: »Feng Shui – Gesund und glücklich wohnen in Buddhas Haus und Garten«, »Feng Shui für Schönheit und Wohlbefinden« und »Body Feng Shui – Die Botschaften des Körpers entschlüsseln«, alle im Heyne Verlag; Lam Kam Chuen: »Das Feng Shui Handbuch – Wie Sie Ihre Wohn- und Arbeitssituation verbessern«, Joy Verlag; Ulrike und Joachim Prinz: »Das Feng-Shui-Kochbuch«, Heyne Verlag; Sarah Bartlett: »Feng Shui der Liebe«, Heyne Verlag. Feng-Shui-Artikel: Magic Discount, Fax: 0 89/3 56 63 62 61, E-Mail: Magicdiscount@gmx.de.; Methusalem, Max-Eyth-Str. 39, 89231 Neu-Ulm, Tel.: 07 31/9 70 28 17, Fax: 07 31/9 70 28 18, E-Mail: methusalem-verlag@t-online.de.
Fitness: Alexander-Technik e. V. (GLAT), Guntramstraße 11, Freiburg; Buchtipp: F. M. Alexander: »Der Gebrauch des Selbst«, Kösel Verlag; »Die 7 Lotusblüten, Die Verjüngungsübungen vom Dach der Welt«, Nymphenburger, Herbig Verlagsbuchhandlung; »Die Fünf Tibeter«, Einführung von Chris Criscom, Integral; Interesse für Eutonie? Internet: www.eutonie.com; Buchtipp Feldenkrais: Anna Triebel-Thoma »Feldenkrais«, Gräfe & Unzer Verlag, 1989; Buchtipp ZaZen: Joe Hyams: »Der Weg der leeren Hand«, Zen in den Kampfkünsten, Knaur-Esoterik.
Fußdiagnose/Fußreflexzonen: Christa Muth: »Heilen durch Reflexzonentherapie«, Heyne Verlag; Avi Grinberg: »Fuß-Diagnose. Die Füße – Spiegel der Seele. Ein praktisches Arbeitsbuch«, Goldmann Verlag; Marquardt: »Lehrbuch der Reflexzonentherapie am Fuß«, Hippokrates Verlag.
Galvanotherapie: Weserbergland-Klinik Dr. Arnold, Tel.: 0 52 71/98 23 20; Herbert Sand, Lessingstr. 14, 73230 Kirchheim-Ötlingen, Tel.: 0 70 21/64 50; Informationen zur Galvano-Therapie erhalten Sie auch vom BIO Ritter Verlag, Monatshauser Straße 8, 82327 Tutzing, Tel.: 0 81 58/80 21, Fax: 0 81 58/71 42, E-Mail: bioritter@aol.com.
Ganzheitliche Medizin: Bernd Dost: »Heilung durch ganzheitliche Medizin«, Goldmann Verlag; »Die neuen Heiler – Wo Kranke wirklich Hilfe finden«, ISBN 3-7766-2096-X. Münchner Modellprojekt zur Integration von Naturheilverfahren, Kaiserstr. 9, 80801 München, Tel.: 0 89/33 04 10 40, Fax: 0 89/39 34 84; Verein für erweitertes Heilwesen e. V., Johannes-Kepler-Str. 56–58, 75347 Bad Liebenzell, Tel.: 0 70 52/20 34, Fax: 0 70 52/41 07; Zeitschrift für Körper,

Geist und Seele: BIO Ritter Verlag, Monatshauser Str. 8, 82327 Tutzing, Tel.: 0 81 58/80 21, Fax: 0 81 58/71 42, E-Mail: bioritter@aol.com.

Geistiges Heilen: Dr. Harald Wiesendanger: »Geistheiler – Der Ratgeber«, LEA Verlag, Internet: www.psi-infos.de; Rudolf Passian: »Abenteuer PSI«, Reichl Verlag; Dagny und Imre Kerner: »Heilen – Vom Umgang mit Geistheilern«, Heyne Verlag; W. Schiebeler: »Paranormale Heilmethoden auf den Philippinen«, Passat Verlag; W. Veldung: »Geist-Chirurgie in Bewusstsein und Heilung«, Passat Verlag. Der Arbeitskreis Radionik und Schwingungsmedizin e. V., Waldstr. 20, 23611 Bad Schwartau, Tel./Fax: 04 51/28 11 84 führt im Rahmen seiner Forschung »Wie Heilung geschieht« ein Pilotprojekt durch; Dachverband Geistiges Heilen e. V., Steigerweg 55, 69115 Heidelberg, Internet: www.dgh-ev.de.

Grafologie: Alfons Lüke: »Grafologie für Einsteiger« und »Das große Handbuch der Grafologie«, beides im Ariston Verlag; Marie Bernard: »Sex und Handschrift«, Seehamer Verlag; weitere Informationen erhalten Sie auch vom BIO Leserservice, Monatshauser Str. 8, 82327 Tutzing, Tel.: 0 81 58/80 21, Fax: 0 81 58/71 42, E-Mail: bioritter@aol.com.

Heilfasten: O. Buchinger: »Das Heilfasten und seine Hilfsmethoden als biologischer Weg«, Hippokrates Verlag; Brigitte Neusiedl: »Heilfasten – Harmonie von Körper, Geist und Seele«, Heyne Verlag; H. Lützner: »Wie neugeboren durch Fasten«, Gräfe und Unzer Verlag. Ärztegesellschaft für Heilfasten und Ernährung, Säntisstraße 82, 88662 Überlingen, Tel.: 0 75 51/80 78 05, Fax: 0 75 51/6 58 89.

Heilgebete: Prof. Berthold A. Mülleneisen: »Heilgebete – Spirituelle Kraft für Körper und Seele«, Herbig Verlag.

Heilpraktiker: Die Deutschen Heilpraktiker-Verbände, Danneckerstr. 4, 70182 Stuttgart, Tel.: 07 11/24 29 64, Fax: 07 11/60 42 21.

Heilsteine: »Das große Lexikon der Heilsteine, Düfte und Kräuter«, Methusalem Verlag; Gunther Vorreiter: »Die Heilenergie der Edelsteine«, Deutscher Sparbuchverlag; Dr. Flora Peschek-Böhmer: »Heilung durch die Kraft der Steine«, Ludwig Verlag. Versand: Methusalem, Max-Eyth-Str. 39, 89231 Neu-Ulm, Tel.: 07 31/9 70 28 17, Fax: 07 31/9 70 28 18, E-Mail: methusalem-verlag-@t-online.de.

Hexen: »Sibyllas Hexenkalender«, Goldmann Verlag; Infos auch unter www.hexen-online-org. Astrologische Hexen-Rituale, Fax: 0 89-5 46 95 68, E-Mail: Anna.Garuda@t-online.de, Internet: www.astro-garuda.de.

Hildegard-Medizin: W. Strehlow: »Hildegard-Heilkunde von A bis Z«, Knaur Verlag; Hertzka/Strehlow: »Die Edelsteinmedizin der heiligen Hildegard« und

»Handbuch der Hildegard-Medizin«, beides im Bauer Verlag. Förderkreis Hildegard von Bingen e. V., Nestgasse 2, 78464 Konstanz, Tel.: 0 75 31/3 14 87, Fax: 0 75 31/3 34 03, E-Mail: jura@hildegard.de, Internet: www.hildegard.de.; Bund der Freunde Hildegards e. V., Zentrum, A-5084 Großgmain, Tel.: 00 43/62 47/82 53.
Holunder: Astrid Winter »Geheimnisvolle Holunderkraft«, Windpferd Verlag (erhältlich auch über BIO-Versandservice, Tel.: 0 81 58/80 21, Fax: 0 81 58/ 71 42, bioritter@aol.com).
Homöopathie: Herbert Fritsche: »Die Erhöhung der Schlange«, Burgdorf Verlag; Stephen Cumming/Dana Ullman: »Das Hausbuch der Homöopathie«, Heyne Verlag; G. Vithoulkas: »Medizin der Zukunft«, Wenderoth Verlag; Herbert Fritsche: »Idee und Wirklichkeit der Homöopathie«, Burgdorf Verlag; Samuel Hahnemann: »Organon der Heilkunst«, Haug Verlag; »Enders Handbuch der Homöopathie«, Haug Verlag. Kontaktadressen: Deutscher Zentralverein homöopathischer Ärzte e. V., Am Hofgarten 5, 53113 Bonn, Tel.: 02 28/ 2 42 53 30, Fax: 0228/2 42 53 31; Bundesverband Patienten für Homöopathie e. V., Burgstraße 20, 37181 Hardegsen, Tel.: 0 55 05/10 70, Fax: 0 55 05/95 96 96, E-Mail: BPH-Mail@t-online.de, Internet: www.bph-online.de; Österreichische Gesellschaft für homöopathische Medizin, Mariahilferstr. 110, A-1070 Wien, Tel.: 00 43/1/5 26 75 75, E-Mail: sekretariat@homoeopathie.at, Internet: www.homoeopathie.at.
Humoraltherapie: J. Abele: »Propädeutik der Humoraltherapie«, Haug Verlag.
Hyperthermie: M. Heckel: »Ganzkörper-Hyperthermie«; P. Vaupel/W. Krüger: »Wärmetherapie mit wassergefilterter Infrarot-A-Strahlung«, alle im Hippokrates Verlag (in Bibliotheken erhältlich).
Hypnose: Bongartz: »Hypnosetherapie«, Hogrefe Verlag; H.-C. Kossak: »Hypnose«, Psychologie Verlags Union. Deutsche Gesellschaft für therapeutische Hypnoseforschung, Kaiserstr. 2 a, 66955 Pirmasens, Tel.: 0 63 31/7 37 74; Milton-Erickson-Gesellschaft f. Klin. Hypnose e. V., Waisenhausstr. 55, 80637 München, Internet: www.meg-hypnose.de
I Ging: »I Ging, Text und Materialien«, Diederichs Gelbe Reihe.
Indianerrituale zum Aufladen der Grundenergie: Peter Whiteheart: »Fit x Vier, Schwung und Energie durch das geheime Wissen der Indianer«, Smaragd Verlag; Kenneth Meadows: »Die Kraft der Indianer – Praktische Anleitung zum Schamanismus in heutiger Zeit« und »Das Buch des Schamanismus – Der sanfte Weg zu Weisheit, Kraft und innerer Harmonie«, beides im Heyne Verlag.
Katathyme Imaginationstherapie: H.-C. Leuner: »Katathym-Imaginative Psychotherapie«, Thieme Verlag.

Kinesiologie: Dr. med D. Klinghardt: »Lehrbuch der Psycho-Kinesiologie«, H. Bauer Verlag; A. Ertl: »Kinesiologie – Gesund durch Berühren«, Südwest Verlag; A. Holdway: »Kinesiologie – Der goldene Schlüssel zur Weisheit des Körpers«, Aurum Verlag. Kontaktadressen: Deutsche Gesellschaft für angewandte Kinesiologie, Dietenbacher Str. 22, 79199 Kirchzarten, Tel.: 0 76 61/98 07 56. Dort erhalten Sie Anwenderlisten über praktizierende Kinesiologen in Ihrer Wohnortnähe. Institut für Neurobiologie nach Dr. Klinghardt GmbH, Waldäckerstraße 27, 70435 Stuttgart, Tel.: 07 11/8 06 08 70. Augsburg: HP Richard Mayer-Sonnenburg, Loisachstraße 8a, 86179 Augsburg, Tel.: 08 21/88 04 71, Fax: 08 21/81 31 55; Akademie für Angewandte Kinesiologie, Kräuterdorf, A-8362 Söchau, Tel.: 00 43/33 87/32 10, Fax: 00 43/33 87/32 12; Schweizerische Gesellschaft für Angewandte Kinesiologie, Rosenbergerstr. 50 a, CH-9000 St. Gallen, Tel.: 00 41/71/22 12 66, Fax: 00 41/71/23 81 66.
Kneipp-Therapie: Bachmann/Schleinkofer: »Die Kneipp-Wassertherapie«, Trias Verlag; S. Kneipp: »Meine Wasserkur. So sollt ihr leben«, Ehrenwirth Verlag. Kneipp-Bund e. V., Bundesverband für Gesundheitsförderung, Adolf-Scholz-Allee 6, 86825 Bad Wörishofen, Tel.: 0 82 47/3 00 20, Fax: 0 82 47/30 02 99.
Kolloidales Silber: Helmle Med, Kazmairstraße 40, 80339 München, Tel.: 0 89/26 56 35, Fax: 0 89/23 26 97 68 (natürliches Antibiotika).
Kosmische Bestellungen: Bärbel Mohr: »Bestellungen beim Universum«, Omega Verlag.
Kraniosakrale Osteopathie: I. Hartmann: »Lehrbuch der Osteopathie«, Pflaum Verlag, und »Lehrbuch der Kraniosakraltherapie«, Haug Verlag.
Kräuterheilkunde: Eva Aschenbrenner: »Der Wildkräutergang«, SMV Verlag; Anita Höhne: »Medizin am Wegesrand – Die Heilkraft der Kräuterküche«, Heyne Verlag.
Kräutertraumkissen: Atlantis Magic Discount, Postfach 14 22, 83604 Holzkirchen, Fax: 0 89/5 46 95 68, E-Mail: Magicdiscount@gmx.de.
Krebsabwehr: Beyersdorff: »Biologische Wege zur Krebsabwehr«, Haug Verlag. Gesellschaft für Biologische Krebsabwehr (Kontaktstelle Heidelberg, Tel.: 0 62 21/13 80 20; Berlin, Tel.: 0 30/3 42 50 41; Düsseldorf, Tel.: 02 11/24 12 19; Hamburg, Tel.: 0 40/6 40 46 27; München, Tel.: 0 89/26 86 90).
Lapacho-Tee: Gibt es in guten Teeläden, Naturkostläden und im Reformhaus.
Lasertherapie: Danhof: »Lasertherapie in der Allgemeinmedizin«, WBV Verlag; J. Elias: »Laserakupunktur«, Aescura im Urban & Fischer Verlag.
Lymphdrainage: Gesellschaft für Manuelle Lymphdrainage nach Dr. Vodder, Kronengasse 3, 89073 Ulm.

Kontaktadressen

Magische Öle: Gibt es bei Atlantis Magic Discount, Postfach 14 22, 83604 Holzkirchen, Fax: 0 89/5 46 95 68; E-Mail: Magicdiscount@gmx.de.

Magnetfeldtherapie: D. Hachenberg: »Therapie mit statischen Magnetfeldern« in »Erfahrungsheilkunde«; W. Ludwig: »Magnetfeldtherapie« in »Dokumentation der besonderen Therapien«. Arbeitskreis Biophysik und Magnetfeldtherapie, Hauptstraße 179, 67473 Lindenberg/Pfalz, Tel.: 0 63 25/29 22; Info Magnetfeld-Matten für Privat Fax: 089/5 46 95 68.

Manuelle Therapien: D. Heimann: »Leitfaden Manuelle Medizin«, G. Fischer Verlag; Gerda Flemming: »Die Dorn-Methode«, ISBN 3-591-08407-7. Dorn-Seminare über Günther Gross, Tel.: 0 75 20/92 31 95.

Massage: Richard Gordon: »Deine heilenden Hände – Eine Anleitung zur Polarity-Massage«, Heyne Verlag. Internat. Massage-Akademie des Weltverbandes der Masseure und Gesundheitstherapeuten, Schußwallgasse 1/10, A-1050 Wien, Tel. und Fax: 00 43/1/5 48 26 29, E-Mail: office@weltverband.com, Internet: www.weltverband.com.

Mayr-Kur: E. Rauch: »Die Darmreinigung nach F. X. Mayr«, und »Die Diagnostik nach F. X. Mayr«, beides im Haug Verlag. Mayr-Kur-Verein, Hauptstraße 34, 88179 Oberreute, Tel.: 08 83 87/12 33; Gesellschaft der Mayr-Ärzte e. V., Gesundheitszentrum am Wörther See, A-9082 Maria Wörth-Dellach, Tel.: 00 43/42 73/25 11.

Meditation: Drs. Schachinger/Schrott: »Gesundheit aus dem Selbst: Transzendentale Meditation«, ISBN 3-933496-42-X; Gottwald/Howald: »Selbsthilfe durch Meditation«, MVG.

Mikrobiologische Therapien: M. Martin: »Leitfaden der mikrobiologischen Therapie«, Ralf Reglin Verlag. Arbeitsgemeinschaft für Mikrobiologische Therapie, Am Deutschherrnberg 19, 35578 Wetzlar, Tel.: 0 64 41/4 53 73.

Moxibustion: Auteroche: »Übungen zur Akupunktur und Moxibustion«, Hippokrates Verlag; Wühr: »Chinesische Akupunktur und Moxibustion«, Verlag für Ganzheitliche Medizin.

Naturheilkunde: Dr. Schmiedel/Dr. Augustin: »Handbuch Naturheilkunde«, Haug Verlag; A. Höhne/Dr. med. L. Hochenegg: »Kursbuch Naturheilkunde«, Heyne Verlag; Bierbach: »Naturheilpraxis Heute«, Urban & Fischer Verlag. Deutscher Naturheilbund, Kreuzbergstr. 45, 74564 Crailsheim, Tel.: 0 79 51/55 04, Fax: 0 79 51/4 46 54; Münchner Modellprojekt zur Integration von Naturheilverfahren, Kaiserstr. 9, 80801 München, Tel.: 0 89/3 30 410 40, Fax: 0 89/39 34 84; Eine achtseitige Broschüre »Heilen mit der Natur« ist bei der Verbraucher Initiative, Elsenstr. 106, 12435 Berlin zu erhalten, Internet: www.verbraucher.org.

Neuraltherapie: Dosch: »Lehrbuch der Neuraltherapie nach Huneke«, Haug Verlag; Badtke/Mudra: »Neuraltherapie«, Ullstein Mosby Verlag.
Noni-Saft: »Fit und vital mit der Kahuna-Zauberfrucht Noni«, Windpferd Verlag. Noni-Saft auch über Brigitte Versand, Johannesstraße 118, 73614 Schorndorf, Tel.: 0 71 81/7 32 92, Fax: 0 71 81/7 50 33, E-Mail: Brigitte-Versand@t-online.de, oder bei der Firma Helmle Med, Kazmairstr. 49, 80339 München, Tel.: 0 89/26 56 35, Fax: 0 89/23 26 97 68.
Ölsaugen/Ölkur: Norbert Messing: »Gesund und fit durch Ölsaugen«, BIO Ritter Verlag Tutzing, Tel.: 0 81 58/80 21, Fax: 0 81 58/71 42, E-Mail: bioritter@aol.com.
Orgontherapie: Wilhelm Reich: »Die Entdeckung des Orgons I«, Kiepenheuer & Witsch Verlag; Herskowitz: »Emotionale Panzerung«, Lit Verlag; »Psychiatrische Orgontherapie« in »Lebensenergie«, Zeitschrift für Orgonomie, 1-5/1995; James De Meo: »Der Orgonakkumulator – Ein Handbuch«, 2001 Verlag; »Orgon-Energie«, Granit Verlag. Wilhelm Reich Institut für Interdisziplinäre Therapie und Beratung e. V., Dr. med. D. und M. Fuckert, Im Bräunlesrot 20, 69429 Waldbrunn, Tel.: 0 62 74/92 93 77, Fax: 0 62 74/53 45, E-Mail: praxis@fuckert.de, Internet: www.fuckert.de; Verein zur Förderung der Orgonenergie (VFO), Dürerstraße 10, 68542 Heddesheim, Tel.: 0 62 03/49 41 55; Bioaktiv GmbH, Am Neugraben 10, 91598 Colmberg, Tel.: 0 98 03/91 11-0, Fax: 0 98 03/3 09, Hersteller des Orgonstrahlers von Arno Herbert.
Orthomolekulare Therapie: Dr. Lothar Bugerstein: »Heilwirkung von Nährstoffen«, Haug Verlag; Earl Mindell: »Die Nährstoff-Bibel – Handbuch der Nahrungsergänzungsmittel«, Heyne Verlag; »Vitamine, Mineralstoffe, Spurenelemente in Medizin, Ernährung und Umwelt«, Periodicum, Hippokrates Verlag, erscheint viermal jährlich; C. C. Pfeiffer: »Nährstoff-Therapie bei psychischen Störungen«, Haug Verlag. Burgerstein-Produkte gibt es in vielen Apotheken oder Sie fragen bei der Firma Switamin nach Bezugsquellen: Tel.: 00 41/1/7 77 11 oder Fax: 00 41/1/7 15 35 11, E-Mail: Info@switamin.com; Forschungskreis für Molekulartherapie nach Koch, Bruno-Lauenroth-Weg 31, 22417 Hamburg, Tel.: 0 40/5 20 05 51, Fax: 0 40/5 20 33 10; Stiftung zur Internationalen Förderung der Orthomolekularen Medizin, Postfach, CH-8640 Rapperswil, Tel.: 00 41/55/27 72 91.
Oxithermie: M. Heckel: »Ganzkörper-Hyperthermie«, P. Vaupel/W. Krüger: »Wärmetherapie mit wassergefilterter Infrarot-A-Strahlung«, alle im Hippokrates Verlag (in Bibliotheken erhältlich).
Parasiten: Hulda Regehr Clark: »Heilung ist möglich«, Knaur Verlag; Baklayan: »Parasiten, die verborgene Ursache vieler Erkrankungen«, Goldmann Verlag, siehe auch »Darmgesundheit«.

Phytotherapie: Fischer/Krug: »Heilpflanzen und Arneipflanzen«, Haug Hüthig Verlag; Weiss/Fintelmann: »Lehrbuch der Phytotherapie«, Hippokrates Verlag; Wenigmann: »Phytotherapie«, Aescura im Verlag Urban & Fischer.
Power-(Buddha-)Armbänder: Sind im esoterischen Fachhandel erhältlich, aber auch bei der Firma Methusalem (siehe Heilsteine) oder der Firma Magic Discount, Fax: 0 89/3 56 63 62 61 und Fax: 0 89/5 46 95 68, siehe »Amulette«.
Psycho-Training: G. Ritter: »Psycho-Training – Das kleine Buch vom glücklichen Leben«, BIO Ritter Verlag, 82327 Tutzing, ISBN 3-920788-39-7.
Pyramiden: Rudi Ph. Weilmünster: »Praxis der Pyramidenenergie«, E-Mail: info@rudiphweilmuenster.de, Internet: www.rudiphweilmuenster.de. Pyramiden gibt es in großer Auswahl im esoterischen Fachhandel oder bei Magic Discount, Fax: 0 89/3 56 63 62 61, Magicdiscount@gmx.de.
Qi Gong: Ute Engelhardt: »Die klassische Tradition der Qi-Übungen (Qigong)«, MLV Verlag; Liu Quingshan: »Qi Gong«, Hugendubel Verlag; Ulli Olvedi: »Das Stille Qi Gong«, Heyne Verlag. Kurse über Qi Gong bietet fortlaufend die SMS (Adresse siehe Akupunktur); Akuna Gesellschaft für Klassische Chinesische Medizin und Alternativmedizin, Deutsches Akupunkturzentrum, Zu den Kuranlagen 1, 69429 Waldbrunn, Tel.: 0 62 74/68 34, Fax: 0 62 74/68 39; Forschungsinstitut für Chinesische Medizin e. V., Silberbachstr. 10, 79100 Freiburg, Tel.: 07 61/7 72 34.
Räucherwaren/-stäbchen: Gibt es im esoterischen Fachhandel oder bei Magic Discount, Postfach 14 22, 83604 Holzkirchen, Fax: 0 89/5 46 95 68, E-Mail: Magicdiscount@gmx.de.
Reiki: U. M. Klemm: »Reiki – das Handbuch für die Praxis«, Heyne Verlag. Reiki-Center, Gesellschaft für esoterische Schulung, Altvaterstr. 2, 14129 Berlin, Tel.: 0 30/8 03 18 24.
Reisen: »Verträglich Reisen«, Postfach 40 19 03, 80719 München, Tel.: 0 89/ 3 08 81 28, Fax: 0 89/3 08 81 18, E-Mail: info@vertraeglich-reisen.de oder Internet: www.vertraeglich-reisen.de.
Roiboos-Tee: Gibt es in guten Teeläden und Reformhäusern.
Rolfing: Peter Schwind: »Alles im Lot: Rolfing. Der Weg zu körperlichem und seelischem Gleichgewicht«, Goldmann Verlag; H.-G. Brecklinghaus: »Rolfing – Was es kann, wie es wirkt und wem es hilft«, Lebenshaus Verlag; Ida Rolf: »Rolfing – Strukturelle Integration«, Hugendubel Verlag; Ida Rolf: »Rolfing im Überblick, Physische Wirklichkeit und der Weg zu körperlicher Balance«, Junfermann Verlag. European Rolfing Association e. V., Kapuzinerstr. 25, 80337 München, Tel.: 0 89/54 37 09 40, Fax: 0 89/54 37 09 42, E-Mail: rolfing-

europe@compuserve.com, Internet: www.rolfing.org; Geschäftsstelle i. d. Schweiz Tel.: 00 41/8 78/80 01 30, und E-Mail: info@rolfing.ch, zu erreichen.

Sauerstoff- und Ozontherapie: M. Almeling & W. Welslau: »Grundlagen der hyperbaren Sauerstofftherapie«, Archimedes Verlags-GmbH; Rilling/Viebahn: »Praxis der Ozon-Sauerstoff-Therapie«, Fischer Verlag; Stadtlaender: »HOT«, Haug Verlag. Ardenne-Institut für Angewandte Medizinische Forschung, Zeppelinstr. 7, 01324 Dresden, Tel.: 03 51/2 63 74 00, Fax: 03 51/2 63 74 44; Hyperbares Sauerstoffzentrum GmbH, Karlstraße 42, 80333 München, Tel.: 0 89/54 82 31 22, Fax: 0 89/54 82 31 50, E-Mail: HBOZentrum@aol.com, oder Internet: www.HBOZentrum.de.

Schröpfen: J. Abele: »Das Schröpfen«, erschienen im Gustav Fischer Verlag.

Selbstbewusstsein: Peter Lauster: »Selbstbewusstsein«, Econ Verlag.

Selbsthilfegruppen: »Wegweiser Selbsthilfegruppen« im Psychosozial Verlag, Friedrichstr. 35, 35392 Gießen, Tel.: 04 61/7 78 19.

Shiatsu: W. Rappenecker: »Shiatsu für Anfänger«, Goldmann Verlag; Shiatsu für Fortgeschrittene: Jarmey/Mojay: »Das Große Shiatsu Handbuch«, Barth Verlag; Saul Goodman: »Shiatsu – Ein praktisches Handbuch«, Heyne Verlag; Paul Lundberg: »Die Heilende Kraft des Shiatsu«, Mosaik Verlag, Shizuto Masunaga: »Das Große Buch der Heilung durch Shiatsu«, Scherz Verlag. Gesellschaft für Shiatsu in Deutschland, Winterfeldtstraße 97, 10777 Berlin, Tel.: 0 30/2 18 27 03, Fax: 0 30/2 17 71 50 (Auskunft über Shiatsu-Schulen).

Spagyrische Heilweisen: Ch. und D. Casagrande: »Spagyrik – Paracelsus-Medizin im Alltag«, Ludwig Verlag; Fritschi: »Spagyrik«, Gustav Fischer Verlag; Heinz: »Spagyrik – die medizinische Alternative«, Bauer Verlag. Laboratorium Soluna, Heilmittel GmbH, Artur-Proeller-Straße 9, 86609 Donauwörth, Tel.: 09 06/70 60 60, Fax: 09 06/7 06 06 78, E-Mail: info@Soluna.de, Internet: www.Soluna.de (auch über spagyrische Kosmetikprodukte).

Spirulina: Marianne E. Meyer: »Spirulina - Das blaugrüne Wunder«, Windpferd Verlag, auch erhältlich bei BIO Ritter Verlag, Monatshauser Str. 8, 82327 Tutzing, Tel.: 0 81 58/80 21, Fax: 0 81 58/71 42, E-Mail: bioritter@aol.com.

Stimmfrequenz-Therapie: Ausbildungen zum Bio-Akustiker im Johanniterhof, W. Maiworm, Stumpenstr. 1, 78052 Obereschach, Tel.: 0 77 21/6 33 15, Fax: 0 77 21/7 43 06. Auskunft erteilt auch der BIO Ritter Verlag, Tutzing, Tel.: 0 81 58/80 21, Fax: 0 81 58/71 42, E-Mail: bioritter@aol.com; Internet: www.magazin-bio.de.

Suggestion: C. Baudouin: »Suggestion und Autosuggestion«, Basel; Bürgin: »Konzentratives Bewusstseinstraining zur Anregung der Selbstheilungskräfte«, Erfahrungsheilkunde 4/91.

Tai-Chi: Al Huang: »Lebensschwung durch Taichi«, O. W. Barth Verlag; Frieder Anders: »Taichi – Chinas lebendige Weisheit«, Heyne Verlag; Toyo und Petra Kobayashi: »Tai Chi Chuan«, Hugendubel Verlag; Robert Parry: »Taiji – Das Handbuch zum Erlernen der Übungen«, Heyne Verlag; Ute Engelhardt: »Theorie und Technik des Taiji Quan«, WBV Biologisch-Medizinische Verlags-GmbH. Kurse in Tai-Chi bietet fortlaufend die SMS, Adresse siehe »Akupunktur«, weitere Adressen siehe »Qi-Gong«.
Tantra: Ashley Thirleby: »Das Tantra der Liebe« und »Tantra-Reigen der vollkommenen Lust«, beides Scherz Verlag.
Tarot: Gute Tarotbücher und -karten gibt es im esoterischen Fachhandel oder bei Magic Discount, Fax: 0 89/3 56 63 62 61 und Fax: 0 89/5 46 95 68, E-Mail: Magicdiscount@gmx.de.
Thermalbäder: Therme Bad Endorf, Rathaus, Bahnhofstraße 6, 83093 Bad Endorf, Tel.: 0 80 53/30 08 22 und Fax: 0 80 53/30 08 30; Chiemgau-Thermen, Ströbinger Straße 18, 83093 Bad Endorf, Tel.: 0 80 53/20 09-0, Fax: 0 80 53/34 00, Internet: www.chiemgau-thermen.de.
Tibetische Heilkunst: Franz Reichle: »Das Wissen vom Heilen, Tibetische Medizin«, Haupt Verlag; N. Qusar, Robert Sachs: »Tibetisches Ayurveda«, Heyne Verlag; J. C. Sergent: »Tibetische Medizin und Ernährung«, Knaur Verlag; Egbert Asshauer: »Tibets sanfte Medizin«, Herder Verlag. Infos über Tibetische Rezepturen: Padma AG, Wiesenstraße 5, CH-8603 Schwerzenbach.
Tierkreiszeichen-Bilder: Konrad Dördelmann, Künstlergemeinschaft Hallbergmoos, Schlossgut Erching, Seiboldhaus 4, 85399 Hallbergmoos, Tel.: 08 11/12 95, und Preinerszeller Str. 4, 85301 Schweitenkirchen, Tel.: 0 84 44/74 73. Handkolorierte Radierungen aller zwölf Tierkreiszeichen, Bildformat: 20 x 15 cm, Papierformat: ca. 39,5 x 26,5 cm, Handabzug auf 300-g-Hahnemühle-Bütten-Kupferdruckkarton. Jedem Bild ist eine 18-seitige Schrift »Erklärungen zur Symbolik« beigefügt. Erhältlich auch unter der Internetadresse: www.astro-garuda.de.
Traumdeutung: Anna D. Garuda: »Träume – Seelenbotschaften und Zukunftsvisionen«, Goldmann Verlag; Anna D. Garuda: »Das Erotische Traumbuch«, Droemer Knaur Verlag.
Tuina-Massage: A. Meng: »Lehrbuch der Tuina-Therapie«, Haug Verlag; Yuanping/Deng: »Quintessenz der Tuina-Behandlung«, Verlag für Ganzheitliche Medizin. Weitere Information siehe unter »Akupunktur«.
Urintherapie: Abele/Herz: »Die Eigenharnbehandlung«, Haug Verlag; C. Thomas: »Ein ganz besonderer Saft – Urin«, Vgs.
Vitalsonnen: Fa. Weinsberger Solargesellschaft W. Stendel GmbH, Sulm-

straße 9, 74189 Weinsberg, Telefon: 0 71 34/96 15 00, Fax: 0 71 34/1 43 17, E-Mail: weinsberger@t-online.de.
Wasser: F. Batmangehelidj: »Heilendes Wasser«, »Wasser, die gesunde Lösung«, VAK Verlag; Karin Schutt: »Wasser – Quelle für Wohlbefinden und Schönheit«, Gräfe und Unzer Verlag; H. Kronberger/S. Lattacher: »Auf der Spur des Wasserrätsels« sowie »Das Grander-Journal«, beide im Uranus Verlag; »Sonnen-Zeitung, Das Magazin für Erneuerbare Energie«, Uranus Verlagsges. m.b.H., Lange Gasse 48/5, A-1080 Wien, Tel.: 00 43/1/4 03 91 11-0, Fax: 00 43/1/4 03 91 11-33, E-Mail: sonnenzeitung@uranus.at, www.uranus.at.
Yoga: Erling Petersen: Yoga – Das große Übungsbuch für Anfänger und Fortgeschrittene«, Heyne Verlag; Hans H. Rhyner: »Gesund und schön durch Yoga«, BLV; Susi Rieth: »Yoga-Heilbuch«, Heyne Verlag; L. Frank/U. Ebbers: »Gesundheit und Spannkraft durch YOGA«, Falken Verlag; Kareen Zebroff: »Yoga-Übungen für jeden Tag«, Fischer Verlag. Förderverein für Yoga und Ayurveda e. V., Weidener Straße 3, 81737 München, Tel.: 0 89/6 37 10 12; Schweizer Yogaverband, Seilerstr. 24, CH-3011 Bern, Tel.: 00 41/31/3 82 18 10, Fax: 00 41/32/9 41 50 41, E-Mail: swissyoga@compuserve.com, Internet: www.swissyoga.ch.
Zahlenmagie: Anna D. Garuda: »Zahlenmagie – Ihre numerologischen Glückszahlen« und »Lottoglück & Co. – Zehn traumhafte Wege zum Glück im Spiel«.
Zehensocken: Erhältlich bei Letz Go, 72379 Hechingen, Tel./Fax: 0 74 71/ 1 61 20, www.zehensocken.de.vu.
Zeitschrift ASTRO: fortune + fortune gmbh, Leopoldstr. 17, 80802 München, Fax: 0 89/34 01 90 39.
Zeitschrift für Erneuerbare Energie: »Sonnen-Zeitung«, Uranus Verlagsges. m.b.H., Lange Gasse 48/5, A-1080 Wien, Tel.: 00 43/1/4 03 91 11-0, Fax: 00 43/1/4 03 91 11-33.
Zeitschrift für Körper, Geist und Seele: BIO – Gesundheit für Körper, Geist und Seele, BIO Ritter Verlag, Monatshauser Str. 8, 82327 Tutzing, Tel.: 0 81 58/ 80 21, Fax: 0 81 58/71 42, E-Mail: bioritter@aol.com.
Zeitschrift VISIONEN: Sandila Import-Export Handels GmbH, Sägestraße 37, 79737 Herrischried, Tel.: 0 77 64/9 39 70.
Zentrum für ganzheitliches Denken: Fax: 0 89/3 56 63 62 61, E-Mail: Ganzheitszentrum@inetmail.de

Weitere Bücher und Kontaktadresse der Autorin

»Seelen-Blues – Von Menschen und anderen Wesen. Wahre Geschichten und Erzählungen«, Haag & Herchen Verlag Frankfurt, ISBN 3-86137-392-0.
Dieses Buch erzählt die ganz unterschiedlichen Geschichten von Menschen und Tieren und deren innerem Geschehen: Empfindungen, Ahnungen, seelische Schwingungen, Sehnsüchte, Ängste, Träume, Visionen und vieles mehr. In liebevoller Erzählkunst führt uns die Autorin auf geheimnisvollen Pfaden in menschliche und tierische Seelenlandschaften und lässt unsere eigene Seele in diesen Empfindungen baumeln!

»Träume – Seelenbotschaften und Zukunftsvisionen. Das große Traumdeutungs-Lexikon«, Goldmann Verlag, München, ISBN 3-442-21528-5.
Die Traumexpertin regt dazu an, den Träumen auf die Spur zu kommen und ihre tiefe Botschaft zu verstehen. Traummotive und Traumgeschehen werden in dreifacher Hinsicht gedeutet: als tiefenpsychologische Aussage, als visionäre Botschaft im Hinblick auf zukünftige Ereignisse und als Symbol. Dieses umfassende Lexikon bietet differenzierte, jedoch gut verständliche Erläuterungen. Es eröffnet Ihnen einen leichten Einstieg in die Kunst der Traumdeutung!

»Der große Astrokalender – Jahres-, Monats- und Tagesprognose für alle Tierkreiszeichen«, Goldmann Verlag, München, ISBN 3-442-30842-9.
In diesem Buch erhalten Sie eine fundierte astrologische Zukunftsschau für jeden Monat des Jahres. Der große Astro-Kalender verrät Ihnen, was Sie in Beruf, Gesundheit, Finanzen sowie Liebe und Freundschaft erwartet. Zusätzlich finden Sie eine tabellarische Darstellung der günstigen Zeiten beziehungsweise negativen Einflüsse, eine ausführliche Allgemeincharakteristik der zwölf Tierkreiszeichen, die Vorstellung berühmter Persönlichkeiten, die großen Transite eines Jahres und allerlei Informationen zu Hobbys, günstigen Farben, Heilpflanzen, Edelsteinen und vielem mehr!

»Das erotische Traumlexikon«, Droemer Knaur Verlag, München, ISBN 3-426-77531-X.
Entdecken Sie die sinnlichen Botschaften Ihrer Träume: Das erotische Träume-Lexikon von A bis Z; praktische Traumdeutungsbesipiele; die erotischen Göttinnen und Götter in uns! Welche erotischen oder romantischen Liebesbotschaften sind in unseren Traumsymbolen verborgen? Das erste erotische

Traumlexikon, das rund 300 Traumsymbole und -motive nach tiefenpsychologischen Aussagen entschlüsselt und deutet und dabei berücksichtigt, ob der Träumende eine Frau oder ein Mann ist.

»Lottoglück & Co. – Zehn traumhafte Wege zum Glück im Spiel«, ISBN 3-8311-0625-8.
In diesem Buch erfährt der Leser die tiefsten Geheimnisse der Geisteswissenschaften. Dank des »Königswegs« oder des »Prinzenwegs« kann der Leser sein Glück im Spiel bewusst aktivieren. Die wichtigsten Kenntnisse der Astrologie, der Numerologie, der Magie, der Psychologie, der Traumdeutung und viele zusätzliche Hilfsmittel oder Rituale ermöglichen es ihm, aktiv und fröhlich an seiner Lebensverbesserung (materiell, seelisch und geistig) mitzuwirken!

»Zahlenmagie – Ihre numerologischen Glückszahlen«, ISBN 3-8311-1986-4.
Dieses Buch ist für jene Menschen geschrieben, die ihr spirituelles Wissen auf leicht verständliche Weise erweitern wollen. Aber auch für jene, die die positive Energie und Kraftquelle der Zahlenmagie für eine aktive Lebensverbesserung und für lohnende Ziele umsetzen möchten. Für jeden erlernbar wird die magische Kraft der chaldäisch-kabbalistischen Numerologie aufgezeigt und die geistige Verwandtschaft mit Astrologie und Magie erklärt. Zahlreiche Tipps zur persönlichen Lebensverbesserung und gezielten Aktivierung spezieller Lebensbereiche runden diese Erkenntnisse ab!

Alle Bücher sind im (Internet-)Buchhandel erhältlich oder direkt bei der Autorin handsigniert zu bestellen!

Kontaktadresse

Anna D. Garuda
Fax: 0 89/5 46 95 68
E-Mail: Anna.Garuda@t-online.de
Internetadresse: www.astro-garuda.de